Generation Ally Lifestyle-Guide

Birgit Hamm
Generation Ally Lifestyle-Guide

Eichborn.

Mitarbeit: Jürgen Ziemer

2 3 4 5 6 05 04 03

Lektorat: T. Schulte
Umschlaggestaltung: Moni Port unter Verwendung einer Fotografie von imagesource
Layout und Satz: Cosima Schneider
Druck und Bindung: Fuldaer Verlagsagentur, Fulda
ISBN 3-8218-3986-4

Verlagsverzeichnis schickt gern:
Eichborn Verlag, Kaiserstraße 66, D-60329 Frankfurt am Main
www.eichborn.de

Vorwort von Katja Kullmann

Gestern, Heute, Morgen und das Leben dazwischen

Wir schreiben das Jahr 2003. Bald kommt 2011, und ich frage mich, wie man dann das Heute nennt, welches zu jenem Zeitpunkt Gestern sein wird. Man hat die Siebziger erlebt, die Achtziger und Neunziger. Den Zeitraum zwischen 2010 und 2019 wird man eines Tages vermutlich die zehner Jahre nennen, das wäre logisch. Nur mit dem Dazwischen ist es schwierig. Die ersten zehn Jahre des 21. Jahrhunderts müssten dann »nuller Jahre« heißen. Das klingt nicht sehr attraktiv. »Nuller Jahre« – das weckt Assoziationen mit »Null Bock« und »No Future«, das wirkt beinahe altmodisch, neudeutsch ausgedrückt: retro. »Ach, war das schön (oder schrecklich), damals in den Nullern.« Schwer vorstellbar, dass man eines Tages so daherreden wird.

Ein eleganterer Ausdruck wird bereits gesucht, und vermutlich läuft es auf die Vokabel »Jahrtausendwende« hinaus, als Begriffsanalogie zur Jahrhundertwende zwischen 1899 und 1909. Denkbar wäre auch »Millenniumswende« – obwohl der Begriff »Millennium« bereits vor dem Zeitenwechsel aufs Äußerste gequält wurde und sich schon damals kaum jemand sicher war, mit wie vielen »l«s und »n«s er geschrieben wird. »Jahrtausendwende« wirkt außerdem realer, historischer als »Millenniumswende« und ist noch dazu ein viel größeres Wort als »Jahrhundertwende«, es klingt aufregend und bedeutsam. Es könnte nachfolgende Generationen dazu verleiten, die heutige Zeit als aufregende und bedeutsame Ära zu verstehen beziehungsweise misszuverstehen. Aber das ist dann deren Problem.

Als Erwachsener tut man in jedem Fall gut daran, passende Anekdoten parat zu haben, die die eigene Jugend in einem milden oder sogar farbenfrohen Licht zeichnen, Legenden, die die eigene Jugend lebendig halten. Das hat man bei Eltern, Lehrern und Großeltern gelernt. Unsere Omas und Opas erzählten von Krieg, Flucht und Wiederaufbau, unsere Mütter und Väter von langen Haaren, Emanzipation und Klassenkampf. Jetzt sind wir bald dran, die 1965 bis 1975 Geborenen. Nur sind die heute Dreißigjährigen noch nicht ganz sicher, auf welchen Generationen-Gehalt, auf welchen Mythos sie sich letztlich werden einigen können, so unübersichtlich ist es geworden in der Politik, der Wirtschaft, der Liebe und der Mode. Manchmal kommt einem als Dreißigjährige(r) auch der Gedanke, dass es am Ende gar nichts zu erzählen gibt aus der angeblich prägenden Zeit, in der man zum Erwachsenen heranreifte: den neunziger Jahren.

»Lifestyle« und »Benutzeroberfläche« sind Begriffe, die damals häufig verwendet wurden und mit Sicherheit in die Annalen eingehen werden. Sie spiegeln den Charakter jener Zeit treffend wider: Die neunziger Jahre waren das Jahrzehnt des Konsums und der Oberflächen. Mit Oberflächlichkeit hat das aber nur bedingt zu tun. Denn unter den Oberflächen – Werbespots, Internetdesigns, Bio-Etiketten, Fitness, Lifestyle-Fantasien – verbargen sich häufig die Visionen und Weltbilder, der Wahnsinn und die Was-wäre-wenn-Fragen der Benutzer. Oberflächlich wäre es, dies im Nachhinein zu übersehen. Auf viele der Fragen, die in den Neunzigern mittels Oberfläche angerissen wurden, haben viele Benutzer bis heute keine Antwort gefunden. Und auf einmal bekommt das Wort »Lifestyle« einen faden, wenn nicht sogar unanständigen Geschmack.

Dabei ist »Lifestyle« im Grunde ein harmloses Wort, man braucht keine Angst vor ihm zu haben. »Lifestyle« bedeutete in den Neunzigern nicht mehr und nicht weniger als Alltag, und dieser Alltag war ständig im Wandel begriffen. In akademischen Kreisen nennt man diesen Umstand auch »Postmoderne«: Nichts gilt für ewig, alles kann wieder verworfen und tagsdrauf neu erfunden werden: die Frisur, das Wohnverhältnis, die Wählerstimme, die Berufsbezeichnung, Life und Style eben. Besonders für die »Generation Ally«, die gut und besser ausgebildeten Töchter der Emanzipation, bot der Lifestyle-Gedanke eine zunächst interessante Perspektive: Die Vielfalt der biographischen Möglichkeiten schien verlockend und versprach ungezählte Auswege aus dem Kinder-Küche-Kirche-Kerker, in dem die eigene Müttergeneration noch gefangen war.

Ach ja, die Neunziger. Schon sind sie Geschichte. Gerade erst vorbei zwar, aber eben: zu Ende. Ich nehme erstens an, dass das Marketing das Neunziger-Revival noch schneller ausrufen wird als alle Retro-Trends zuvor, und zweitens, dass die Neunziger in der Rückschau nicht so peinlich erscheinen werden wie die Vorgängerjahrzehnte. Rein stilistisch bieten die Neunziger kaum Angriffs- beziehungsweise Andockflächen. Bei den meisten Trends und Moden handelte es sich um kulturelle Querverweise – um Codes und Ideen, die nicht nur sehr komplex, sondern auch sehr kurzlebig waren und ihre Wurzeln ganz woanders hatten. Um die Neunziger zu zitieren, müsste man also im Wesentlichen Zitate zitieren, das dürfte schwierig werden.

Die Retro-Idee erweist sich im Nachhinein als der rote Faden des Jahrzehnts. Sie diente in den Neunzigern nicht nur als Treibstoff für Lifestyle-Erfindungen und Marketingkampagnen, sondern auch als Schmieröl für die Widerstandsversuche gegen den Ausverkauf einst gültiger Werte. Bosch brachte Mitte der neunziger Jahre plötzlich wieder Kühlschränke im Wirtschaftswunderdesign heraus; etwa zeitgleich lernten trendgläubige Menschen Swingtanz wie in den Vierzigern (in den Neunzigern vorgeführt etwa in der Gap-Werbung) und kauften sich Lavalampen wie in den Sechzigern. Die Design-Avantgarde feierte den Heroin-Chic der Siebziger. Die Subkultur verkrümelte sich derweil mit Beatnik-Literatur und Easy-Listening-Schallplatten in die späten Fünfziger, schaute Blaxploitation-Filme aus den Seventies oder suchte Selbstdefinition im Street Style der Entwicklungsländer und Vorstadtghettos. Derweil bastelten Medien und Musikindustrie bereits am Achtziger-Jahre-Revival.

Die Retro-Idee beinhaltet auch die Freiheit, sich überall bedienen zu können: hier ein Versatzstück aus einer anderen Epoche, dort ein Element aus einer fremden Kultur, die einem dank Internet und Fernreise gar nicht mehr so fremd erscheint. Man kann Ideen klauen, sich verkleiden, sich verstecken. Man muss keine Pubertätspickel haben, um die Hits der Neuen Deutschen Welle zu schätzen, man muss keine Bomben legen, um T-Shirts mit RAF-Logo zu tragen, oder Hüttenkäse mögen, wenn man dem Heidi-Look anhängt.

Selbstverständlich wissen nur die, die dabei waren, wie es wirklich war, in den Sechzigern, Siebzigern, Achtzigern – oder eben in den Neunzigern. Wer dabei war, hat notfalls ein Fotoalbum beziehungsweise eine digitale Fotodatei auf der Festplatte, in der er oder sie nachblättern kann. Und das ist mitunter ein schmerzhafter Prozess.

In den achtziger Jahren, zum Beispiel, konnte ich Fotos aus den Siebzigern nur mit Bauchschmerzen ansehen. In den Siebzigern war ich nämlich ein pummeliges Kind mit Mireille-Mathieu-Haarschnitt, das erst mit neun Jahren die Uhr lesen konnte – und es fiel mir schwer, das zu ertragen, zehn Jahre später, in den Achtzigern, als ich in die Pubertät kam und mich darum bemühte, zu einem erwachsenen Menschen zu werden, mit anderen Worten: cool zu sein.

Am schwersten zu ertragen waren lange Zeit die *Starparade*-Fotos: Die *Starparade*, eine von Michael Holm moderierte Schlagersendung, war der Überlieferung nach meine Lieblingsfernsehshow in den Siebzigern. Immer wenn sie lief, durfte ich länger wach bleiben und im Schlafanzug vor dem Bildschirm Pirouetten drehen und mit einem Bauklötzchen als Mikrofon in den Fingern »playback« mitsingen. Davon gibt es eine ganze Fotoserie. In den Großstädten tobte der Punk – und ich tanzte im Taunus zu Eireen Sheer, Mary Roos und Mouse & McNeal. Das nahm ich mir wenig später als Jugendliche ziemlich übel. Hätte ich wenigstens *Disco 71-82* mit Ilja Richter angeschaut, wäre ich immerhin ein bisschen dabei gewesen. So dachte ich ein Jahrzehnt später, als ich 14 oder 16 war, und ärgerte mich über mich selbst.

Ich beschloss, etwa um meinen 14. Geburtstag herum, das Fotoalbum erst einmal eine Weile zugeklappt zu lassen, bis ich erwachsen geworden wäre und den Rückblick in die Vergangenheit würde ertragen können – als Geschichte, als etwas Losgelöstes vom Hier und Jetzt. Erst mit Beginn der neunziger Jahre schaffte ich es, die Kinderbilder aus den Siebzigern wieder ganz ungerührt, manchmal sogar positiv berührt anzuschauen. Ich war Anfang 20, es hatte genug Vergessen und Entwicklung gegeben, ich konnte die Kindheit wieder ertragen, weil ich mich von ihr gelöst hatte. Endlich.

Bloß hatte ich jetzt ein Problem mit den Achtzigern. Das anstrengende Hin und Her zwischen nicht mehr »klein«, aber auch noch nicht »groß« sein, zwischen Selbstliebe und Selbsthass – genau das kann man auf den Achtziger-Jahre-Fotos sehen. Es gibt Bilder voller Weltschmerz: schwarzer Lidstrich, schwarzer Rollkragenpullover, schwarze Jeans, schwarze Schnürstiefel, olivgrüner Bundeswehrparka, ein Franz-Kafka-Buch in der Hand und im Hintergrund Güterzüge mit Graffitis. Bilder voller Wollust: Sie zeigen Knutschereien in Partykellern und sich anschließend übergebende, weil volltrunkene befreundete Minderjährige. Bilder voller Sehnsucht: das eigene Superstarstyling samt eingezogenen Bauchs vor Besuch eines David-Bowie-Konzerts; oder schauspielerinnenartige Fernblicke übers Meer, im ersten Urlaub ohne Eltern, das große Schmachten, dem Sonnenuntergang entgegen, in dem Alter, in dem man Sonnenuntergänge noch für etwas Exklusives hält.

In den Achtzigern tat ich alles, um das dickliche Kind der Siebziger loszuwerden – und das sah man in den Neunzigern, auf den Fotos aus jenen vergangenen Tagen, leider allzu deutlich. Zu betrachten ist ein einziges Provisorium, irre pendelnd zwischen Dreistigkeit und Bangesein, Besserwisserei und Suche, Geschmacklosigkeit und Trotz, ungebremstem Lebenswillen und latenter Lebensmüdigkeit. Glücklicherweise hatte ich den Geschichtseffekt ja bereits kennen gelernt, den Prozess, der den Umgang mit der Vergangenheit erleichtert. Einfach das Fotoalbum eine Weile zugeklappt lassen, bis sich genug Alter, Abstand, Milde und Weisheit gesammelt haben, um wieder Ungerührtheit beziehungsweise stellenweise Rührung empfinden zu können. Schätzungsweise im Jahr 2000, wenn ich etwa 30 Jahre alt wäre, würde ich mir die Achtziger-Bilder wieder ohne Wehklagen anschauen können, lautete meine Prognose Anfang der Neunziger.

Ich lag knapp, nämlich nur drei Jahre, daneben: Bereits 1997 riefen Magazine wie *The Face* aus London und Style aus Berlin den Eighties-Retro-Trend aus und zeigten Mode im New-Wave-Stil. Die Achtziger-Synthi-Popper Depeche Mode feierten zeitgleich mit dem Album *Ultra* ein Comeback. Schulterpolster, Discoglimmer und Synthesizer waren plötzlich wieder »da«, sogar Modern Talking meldeten sich mit dem Formel-1-Titelsong »You can win the race« zurück, und schließlich produzierte Günther Jauch für RTL die mehrteilige *80er Show*, das TV-Format zum Lebensgefühl, moderiert vom Mittdreißiger Oliver Geißen. Sing- und Soap-Sternchen Jeannette Biedermann trägt zur Jahrtausendwende Klamotten im Achtziger-Stil – obwohl sie diese Zeit gar nicht miterlebt hat, nicht bewusst zumindest. Jeannette Biedermann war damals vermutlich ein pummeliges Kind, so wie ich in den Siebzigern.

Niemals waren die Achtziger tatsächlich so bunt wie das Revival behauptet. Und doch waren sie lebendiger. Im Revival fehlt ihnen – natürlich – die Seele. Während wir in den Achtzigern mit Zeichen, Stilen und Symbolen experimentierten und gleichzeitig davon ausgingen, auf Lebzeiten verstrahlt zu sein – Tschernobyl, Smog und saurer Regen – und das alles aufregend fanden, bietet das Revival bloß einen läppischen Aufguss, nimmt Beliebiges aus jener Zeit, Hüllen meist, vergrößert sie, motzt sie auf und verkauft sie als authentisch, wo es sich doch nur um Erinnerungsfantasien handelt. Übrig bleibt bloß Kitsch.

Wegweisend am kollektiven Achtziger-Revival war eines: Es war zwar die zigste Retro-Welle in Folge, aber der Abstand zur realen Vergangenheit erschien einem plötzlich kürzer. Zitiert wurden nun die eigenen Ex-Geschmäcker und -Vorlieben, nicht die unserer Eltern und Großeltern. Manche nahmen das Ende der Neunziger als Hinweis, nun selbst aus dem Gröbsten raus zu sein, und gaben den Konfirmationsanzug oder das Tanzstundenabschlussballkleid endgültig in die Altkleidersammlung. Andere luden Altersgenossen zu Nostalgie-Partys ein und widmeten sich unverblümt und bester Laune der Legendenbildung, es war tatsächlich toll damals, Mensch, waren wir super drauf, beim Schulhofstreich zum Abi 89.

Es gab auch welche, die suchten einen ernsthafteren Ansatz und beschäftigten sich literarisch mit der Vergangenheit und dem, was draus geworden ist. Christian Kracht schrieb 1995 *Faserland* und ließ die Sinnleere hinter der Fassade aufblitzen, seinem Buch-Helden war Belustigung und Abscheu über die Konsumwelten der späten achtziger Jahre anzumerken. Florian Illies lieferte 1998 mit *Generation Golf* das Poesialbum zur Ära, »aus Raider wurde Twix, sonst änderte sich nix«, hieß es darin. 2002 erschien *Generation Ally*, quasi als Fortschreibung der *Generation Golf* über die neunziger Jahre bis ins Heute – diesmal aus weiblicher Sicht und mit dem bitteren Fazit, dass es insbesondere die jungen Frauen gar nicht so weit gebracht haben, wie gemeinhin angenommen. Zu modisch-stilistischen Fragen kamen Sinn-, Zusammenhangs- und Wahrhaftigkeitsfragen. Wo kommt man her? Wo geht man hin? In welcher Welt wurde man groß? Wer ist man überhaupt? Es begann die Suche nach der eigenen Geschichte.

Die Perspektive war zunächst die von (Schein)-Individualisten. Denn als solche begriffen sich viele Jungerwachsene in den neunziger Jahren, insbesondere im mittelständischen West-Milieu. Jede(r) konnte machen, was er oder sie will, in den Boom-Jahren nach der Wende. So fühlte es sich jedenfalls an. Vor allen Dingen für die jungen Frauen, die ihre Zukunft nicht zwischen Herd und Waschmaschine sahen. Viel lieber würde man Werbekauffrau oder Bundeskanzlerin werden. Der Toyota-Slogan »Nichts ist unmöglich« wurde während dieser Zeit zum geflügelten Wort, ebenso wie der Lifestyle-Magazintitel *Fit for Fun*. Das Casting wurde zum Geschäftszweig, praktisch jede(r) konnte Moderatorin oder zumindest Kandidat werden, also ein Star für 15 Minuten; Wohlfühlen konnte man angeblich einkaufen (Wellness), Erfolg auch (Coaching). So genannte Think Tanks und Start-ups entstanden; statt einen Lehrberuf zu ergreifen, etwa im Handwerk, absolvierte man Praktika, Hospitanzen, Assistenzen, Traineeships und Nebenjobs und probierte den Quereinstieg. Und übte dann Berufe aus, die die eigenen Eltern noch gar nicht kannten. Medienberaterin zum Beispiel, oder Kommunikationswissenschaftlerin oder Market Researcher oder Agentur-Gründerin oder Human Ressources Advisor, Call Agent oder Facility Manager.

Jeder zog so seinen eigenen Film durch, wie man in den Neunzigern gern sagte, und der Plot war mitunter so spannend und unberechenbar, dass man zeitweise übersehen konnte, wie sehr die selbst erlebte Individualität sich doch wiederholte, beim Nachbarn, der Kommilitonin, den alten Schulfreunden. Letztlich ist man Teil einer Masse beziehungsweise Untermasse. Aber das wollte man in den Neunzigern lieber nicht so genau wissen. Für die meisten war es vorerst nur mit Ironie zu ertragen.

Auch deshalb ist der Generationen-Begriff vielen suspekt. Nicht nur den Dreißigjährigen selbst, vor allem auch den Älteren, der Kriegs- beziehungsweise Nachkriegsgeneration und der Generation von 1968. Niemand würde behaupten, dass alle Menschen der betreffenden Altersgruppen gleichermaßen aktiv an ihrer »Generation« beteiligt waren. Es gab stets Aufrührer und Anführer, Mitläufer und Unbeteiligte, sogar Ablehner. Trotzdem spricht man den Alten das »Generations«-Etikett zu und gestattet ihnen ihre Mythen. Man weiß, was mit dem Begriff »Achtundsechziger-Generation« gemeint ist: das politische, wirtschaftliche, soziale, alltagskulturelle Klima einer bestimmten Zeit, das spezielle Welt- und Wertgefüge vergangener Tage. Bereits in den achtziger Jahren, also knapp 20 Jahre nach 1968, war von den »Achtundsechzigern« die Rede und wir haben es ihnen auch gegönnt.

Allerdings gönnen umgekehrt die so genannten und selbst ernannten Achtundsechziger ihren Nachfolgern nur ungern den Generationen-Begriff. Wer keinen Krieg und keinen Klassenkampf miterlebt hat, der kann nicht mitreden. Nachgewachsen sind Konsumkids. Wenn überhaupt, dann sind die heute Dreißigjährigen: Erbengeneration. Darüber machen sich Achtundsechziger gern lustig und schimpfen zum Beispiel in den Feuilletons über Pop-Literatur. Unterdessen sitzen ihre Altersgenossen in den Chefsesseln der Werbeagenturen und betreiben Konsumentenerforschung, oder sie sitzen im Parlament und führen Parolen wie die »Ich-AG« in die Politik ein, oder sie versagen als Vorstandsvorsitzende in Großkonzernen, weswegen zahlreiche gut und besser ausgebildete Dreißigjährige sich plötzlich mit Arbeitslosigkeit in den eigenen Reihen konfrontiert sehen.

Selbstverständlich bilden die heute Dreißigjährigen eine eigene Generation, und in den zehner oder zwanziger Jahren des angebrochenen Jahrtausends wird man auch ganz unbefangen von dieser Generation sprechen – egal, welcher Titel sich am Ende durchsetzt, Generation Golf, Generation Ally, Generation Lifestyle oder Generation geplatzte Träume.

Es gibt Vorgänge, welthistorisch und auch ganz privat, die nur wir im prägenden Alter miterlebt haben. Keine Altersgruppe vor uns hat zum Beispiel den Sprung von drei auf 33 Fernsehkanäle aktiv mitgemacht oder den vom Funktelefon über den Pager zum Handy oder vom Fax- zum Internetanschluss. Diese Technikentwicklung hat nicht nur ein konsumistisches, sondern auch ein kulturelles Moment: Man ist zwangsweise angebunden an den Weltenlauf, das nennt man Kommunikationsgesellschaft oder Kommunikationsterror. Wir sind nicht nur ganz selbstverständlich mit den Grundlagen des Umweltschutzes groß geworden, sondern auch mit der Idee der *political correctness*. Wir haben den Fall der Mauer erlebt; wir sahen auf allen Kanälen, wie ein ganzes Land einfach annektiert wurde, nach den Gesetzen des Marktes, Politik hatte da wenig Platz und keiner hat sie vermisst. Die Gentechnik und die Schönheitsindustrie ermöglichen inzwischen Menschen nach Maß. Jede zweite Ehe im großstädtischen Raum wird geschieden. Und wer in den achtziger oder neunziger Jahren eine Banklehre gemacht hat weiß, dass das längst keine Garantie mehr für irgendetwas ist. Ein Haufen Historie hat sich da bereits angesammelt, und an einigem davon haben wir selbst mitgebastelt.

Auch die Dreißigjährigen haben eine Geschichte, sie verhält sich augenscheinlich umgekehrt proportional zu denen unserer Vorgängergenerationen: Anders als unsere Eltern und Großeltern sind wir nicht in Krisenzeiten aufgewachsen, sondern im prallen Wohlstand; und nun merken wir beim Erwachsenwerden, dass irgendwann Schluss ist mit lustig und Wachstum. Flexibilität hin, Mobilität her: Globalisierung bringt nicht nur Gewinner, das spürt man plötzlich am eigenen Leibe.

Mit 45 wird man dann eventuell mehr wissen, wie das alles war und was es im Nachhinein bedeutet. Dann kann man entspannt bei Dämmerlicht und einem Glas Rotwein oder Fruchtsaft in einem alten Fotoalbum blättern, ein mildes Lächeln legt sich um die Lippen und der eine oder andere Atemzug gerät tiefer als gewöhnlich, fast seufzt man. Ach ja, die Neunziger, so lange sind sie schon her. Man wird sich eines Abends, erwachsen und ergraut, vielleicht durchs Fernsehprogramm zappen und zufällig bei der *90er Show* hängen bleiben. Jeannette Biedermanns kleine Schwester, gecastet von einem Online-Trend-Magazin, wird dort einen Plastiksong mit Grunge- und Techno-Anleihen singen, sie wird voll von abnehmbaren Piercings, abwaschbaren Tattoos und Stoffsonnenblumen sein, und in ihrem Songtext geht es darum, wie die Love Parade 1990 die Berliner Mauer zu Fall brachte, denn Politik wäre gerade Trend. Und der Moderator der *90er Show*, der jüngere Cousin von Oliver Geißen, wird der jungen Frau Biedermann später beim Interview erklären, dass sie da wohl was verwechselt hat, mit der Mauer und der Parade. Dann werden beide lachen und stilecht an einer Caipirinha nippen und der junge Herr Geißen wird ein Tamagotchi hervorzaubern und die junge Frau Biedermann wird staunen, dass es solch Mitleid erregende Technik je gegeben hat. So waren sie, die Neunziger.

Unsere Mythen, die lifestylegeprägten Neunziger-Jahre-Mythen, werden weniger prägnant ausfallen als die unserer Eltern und Großeltern, und damit steigt die Verfälschungsgefahr. Das vorliegende Buch will dem vorbeugen. Es will erinnern und unterhalten. Es kramt in Gedächtnishalden, die viele teilen – das beruhigt und erschreckt gleichermaßen. Es wirft Blicke über und unter die Oberflächen. Es ist der Text zum Fotoalbum. Und es ist schneller, als es sich irgendein Werbetexter oder Zuschauerquotenzähler je hätte träumen lassen. Die Erstausstrahlung der *90er Show* ist hiermit auf 2003 vorgezogen.

Katja Kullmann, Köln im Dezember 2002

GENERATION ALLY

LIFESTYLE-GUIDE

Von a bis Z:
Fit für das Neunziger-Revival

AFTER-WORK-CLUBS

Nach der Arbeit ist vor der Arbeit

»Was ist denn das für eine Idee? Um sechs schon auf die Party und um elf heim ins Bett? Da kann ich ja gleich zum Tanztee gehen!« Esther kann nicht fassen, dass ich sie zum Besuch eines After-Work-Clubs überreden will. Zugegeben, ich finde dieses Party-Konzept auch ein wenig merkwürdig, aber andererseits: vielleicht ist es gar keine so schlechte Sache, den Feierabend wörtlich zu nehmen und sich direkt nach der Arbeit zu amüsieren. Sonst muss man das Ausgehen ja doch immer auf das Wochenende verschieben. Die meisten Clubs machen nicht vor elf Uhr abends auf, bis eins ist nichts los und auf dem Heimweg zwitschern schon die Vögel.

Die einen behaupten, After-Work-Clubs seien eine Erfindung der Clubbetreiber, die endlich auch am früheren Abend Profit machen wollten und deshalb eine Zwischenschicht einlegten – ideal für eine nicht mehr ganz so junge Zielgruppe, die morgens fit fürs Büro sein muss. Andere schreiben die Entstehung den feierwütigen New-Economy-Leuten zu, die nach Feierabend gerne im Pulk loszogen. Diesen Frühausgehern war ein After-Work-Bier in der Kneipe zu piefig – es sollte schon etwas cooler, clubbiger sein.

Das muss man probiert haben, finde ich. Als wir im Club ankommen, ist es gerade mal achtzehn Uhr. Ziemlich düster hier, was besonders auffällt, denn draußen ist es noch hell. An der Bar lungern ein paar Schlipsträger um die dreißig herum, machen sich schon mal frisch mit den ersten Caipirinhas und Margaritas. Im Hintergrund blubbert eine angenehme Trip-Hop-Musik. Langsam füllt sich der Laden. Die Leute kommen in kleinen Gruppen, wahrscheinlich Kollegen. Fast alle tragen ihre Tageskluft, die Männer Anzug, die Frauen schicke, modische Büroklamotten. Kurz vor acht ist die Stimmung schon am brodeln. Dämon Alkohol füllt den Dancefloor mit mehr oder minder begabten Tänzern, deren Darbietungen vom obercoolen »Zehenwackler« bis zum exaltierten »Todesballett der Küchenschaben« reichen. Jetzt verstehe ich, wieso After-Work-Clubs von manchen auch »Before-you-throw-up-Clubs« genannt werden.

»Ich komme mir vor wie auf einer Betriebsfeier«, stöhnt Esther, »lauter entfesselte Bürohengste!« Aber die meisten arbeiten nun mal im Büro, wir doch auch. »Schon, aber das, was ich den ganzen Tag sehe, muss ich nicht auch noch nach Feierabend haben«. Im Grunde hat sie recht: Die Arbeit hat uns so sehr im Griff, dass sie uns selbst nach Büroschluss nicht loslässt. Wenn wir nicht aufpassen, wird sich auch bei uns das japanische Modell durchsetzen. Japanische Ehepaare sprechen in der Woche ungefähr 30 Minuten miteinander – die übrige Zeit gehört der Angestellte der Firma.

Den Rest des Abends verbringe ich auf der Tanzfläche – und amüsiere mich nicht schlecht. Als ich zurückkomme, hat Esther einen Typen neben sich und einen neuen Drink vor sich stehen. Muss ich sie retten? Es sieht nicht so aus. Im Gegenteil. Sie lacht und wirft ihr Haar nach hinten. Um zwölf ist der Spuk vorbei. Wir sitzen im Auto und Esther wedelt aufgeregt mit einer Visitenkarte in edlem Prägedruck: »Der Typ ist CEO bei ComNet, total süß übrigens. Und er hat mir einen Job als Webdesignerin angeboten!« Hier dreht sich anscheinend wirklich alles ums Business. Das muss man nicht haben, aber schlimm ist es auch nicht – und manchmal lohnt es sich sogar.

AKTIENFIEBER

Wir werden alle Millionäre!

Das Sparbuch hatte ich vor langer Zeit von meiner Oma zum Geburtstag bekommen, inklusive eines kleinen Startbetrags. Arglos und zufrieden trug ich jahrelang bescheidene Summen auf das Sparkonto und ließ mich für so viel Naivität mit lumpigen drei Prozent Zinsen belohnen.

Dann kam die T-Aktie. »Eine echte Volksaktie, die musst du kaufen – da kann überhaupt nichts schief gehen, die steigt und steigt«, riet mir ein Kollege. Er und alle seine Freunde hatten sie schon und waren ganz aus dem Häuschen vor Freude. Aber ich wollte nichts davon wissen. Schließlich hatte ich null Ahnung von Aktien, Börse oder Fonds. Mit dem Wort »Zeichnen« assoziierte ich Papier und Bleistift, Dachs mit »x« zu schreiben, hielt ich für einen Tippfehler und »Dow Jones« für eine amerikanische Whiskymarke.

Das änderte sich schlagartig, als die Internetfirma, bei der ich arbeitete, den Börsengang vorbereitete. Am damals boomenden »Neuen Markt«, dem Technologieaktien-Wunder. Wochenlang gingen Analysten – Markenzeichen: hellgrauer Anzug, weißes Hemd, »witzige« Krawatte – ein und aus, fieberhaft wurde bewertet und geplant. Wir eröffneten Depots und zeichneten Mitarbeiteraktien. Unser Chef lief nur noch mit verklärtem Blick herum und murmelte: »Wir werden alle Millionäre, glaubt's mir!« Am Tag des Börsengangs beobachteten wir online, wie die Aktie eingestiegen war und wie sich der Kurs entwickelte. Wahnsinn, wie das Ding abging: Einstieg bei 22 Euro (»Prosecco für alle!«), nach einer halben Stunde auf 54 (»Sekt für alle!«), vier Stunden später bei 98 (»Champagner für alle!«).

Was für eine irre, absurde Art, Geld zu machen. Unfassbar. Damit hätte man schon viel früher anfangen sollen, nicht erst 1999. Ich zeichnete alles, was mir in die Finger kam – Hauptsache »Neuer Markt«. Das Aktienfieber hatte mich gepackt und mit mir halb Deutschland. Sogar meine Mutter wollte wissen, wie man das denn macht, mit diesen Aktien da.

Es war Glück im Unglück, dass ich die meisten der gezeichneten Aktien nicht bekommen habe. Die wenigen, die ich besaß, sind heute nichts oder fast nichts mehr wert. Die Internetfirma, bei der ich arbeitete, ist natürlich auch längst pleite. Letzte Woche habe ich mein Aktiendepot aufgelöst – es waren noch genau 117,63 Euro übrig geblieben.

ALESSI-DESIGN

Form statt Funktion

Mein erstes Alessi-Stück bekam ich zum Geburtstag geschenkt. Zwei niedliche Plastikfigürchen in hellgrün und orange, dazu ein runder Metallständer, aus dessen Mitte so etwas wie eine Antenne hervorlugte. Ich füllte die kleinen Männchen mit Salz und Pfeffer und hängte sie mit ihren magnetischen Plastikfüßchen seitlich an die »Antenne«, wie man es mir geraten hatte. Sofort begannen die kleinen Schlingel lustig im Kreis zu sausen – und verspuckten dabei gleich die Hälfte ihrer Ladung. Leider bin ich abergläubisch genug, um zu denken, dass Salz verschütten unweigerlich Streit nach sich zieht. Also kamen die Figürchen samt Karussell in den Schrank – und die beleidigt in der untersten Schublade vor sich hin schmorenden alten Salz- und Pfefferstreuer zu neuen Ehren auf meinem Küchentisch.

Die Zitruspresse war auch ein Geschenk, aber ich hatte sie mir so sehr gewünscht. Das Ding sah aus wie eine Spinne aus dem Weltall mit seinen drei hohen, dürren Metallbeinen, auf denen unheilvoll der tropfenförmige, gekerbte Kopf thronte. Ein irres Objekt. Und eins mit Tücken. Beim ersten Pressversuch vergaß ich, ein Glas unterzustellen, beim zweiten Mal kippte mir das Glas samt Weltraumspinne um. Beim dritten Versuch hatte ich alles im Griff: Presse steht, Glas drunter, Saft läuft. Wun-der-bar! Nur, dass ungefähr 40 Kerne mit im Saft waren, die ich dann mit einem Teelöffel mühsam herausfischen musste. Also auch dieses Teil: ab in den Schrank.

Es folgten noch viele Geburtstage und zahlreiche Alessi-Geschenke: blaue Plastikdosen in Butterkeksform, Marmeladengläser mit Kaktushütchen, Korkenziehermädchen und Spülbürstenmännchen. Nichts davon wirklich brauchbar, aber was macht das schon – sie sind halt einfach unwiderstehlich niedlich, deshalb will ich ihnen ein gutes Zuhause geben. So haben sie alle Platz in meinem schönsten Schrank gefunden. Manchmal, nachts, glaube ich ein leises Sausen zu hören, dann ein sanftes Schrubb-schrubb, begleitet von einem satten Plopp! Ja, sie scheinen sich wohl zu fühlen bei mir im Schrank, denke ich dann und schlafe beruhigt weiter.

Kauf mich

Dinge, die die Welt nicht braucht: Die überflüssigsten Produkte der Neunziger

Wasser-Pumpguns
»Isch mach' disch gleisch nass, du ...«, kreischten ausgewachsene Jungmänner. Dabei sind Wasserpistolen doch etwas für unsere Kleinsten, oder?

Die Alessi-Küchenbrigade
Flaschenverschlüsse, Salzstreuer, Honigspender – alles in buntem Plastik und so süüüß, dass es wehtut.

Bifi Carazza
Die Pizza für die Hosentasche. Besonders lecker, wenn man zwei Stunden drauf gesessen hat.

Jellies
Sandalen aus durchsichtigem Plastik, gab's in der Kaufhalle und anderen Billig-Läden. Für felsige Strände okay. Aber doch bitte nicht im Restaurant.

Dinosaurier
Im Gefolge von Jurassic Park eroberten sie zunächst die Spielwarenläden und dann die ganze Welt.

Crystal
Wer um Himmels willen denkt sich bloß eine durchsichtige Pepsi Cola aus? Ist das Original nicht schon schlimm genug?

Lomo
Eine Kamera, mit der man kein vernünftiges Bild knipsen konnte, dafür aber vier Fehlschüsse gleichzeitig. Toll, oder?

Skyper
Ein schwerfälliger Vorläufer der mobilen Internetdienste – kaum auf dem Markt, war er auch schon wieder vergessen.

Russen-Kitsch
Uniformen, Orden, Uhren – kein Flohmarkt ohne die kitschigen Devotionalien des ehemals real existierenden Sozialismus.

APFELSCHORLE

Sauer macht lustig

Jahrelang erhielt ich bei der Bestellung einer Apfelschorle stets die gleiche Antwort: »Da müssen Sie ein Wasser nehmen und einen Apfelsaft, das können Sie ja dann zusammenmischen.« Cola, Fanta, Spezi – diese blubbersüßen Kindergetränke waren in Bars und Restaurants oft die einzige Alternative zu Alkoholischem. Mineralwasser gab es noch, und Säftchen. Aber Pfirsich-, Kirsch- oder Orangensaft pur löschen bekanntlich kaum den Durst und immer nur Wasser ist auch langweilig. Gegen Ende der Neunziger löste sich das Problem: Ernährungswissenschaftler hatten herausgefunden, dass Apfelsaft gemixt mit viel Wasser der beste Durstlöscher ist, vor allem nach dem Sport. Das sprach sich schnell herum und der gute, alte Durstlöscher aus Kindertagen war plötzlich wieder da. Allüberall sah man Leute sitzen und auf Apfelschorle spitzen – in jedem Lokal auf einmal problemlos erhältlich. Das fand ich großartig; auch wenn der Bestellung meines langjährigen Lieblingsgetränks jetzt der Hauch des Besonderen fehlt.

Schlimme Sache: Die großen Getränkehersteller zogen bald nach und boten fertig gemixte Apfelschorle in Flaschen an – zum Beispiel an der Kinokasse. Leider schmeckt das Zeug größtenteils widerlich künstlich und viel zu süß. Es kann doch nicht so schwer sein, eine gute Apfelschorle herzustellen. Einfach Apfelsaft, ein Drittel bis die Hälfte Sprudel dazu, in Flaschen füllen, fertig. Mehr verlangen wir gar nicht. Künstliche Aroma-, Farb- und sonstige Stoffe: überflüssig! Sonst misch' ich wieder selbst!

ASIA-KÜCHE

Es gibt Reis, Baby!

Schuld waren vermutlich die schwer verdaulichen Sonntagsbraten unserer Mütter. Vielleicht auch die ewig gleichen Gerichte in den italienischen oder chinesischen Restaurants der Nachbarschaft. Eins jedenfalls ist klar: Die Küche der Neunziger musste exotisch sein und so authentisch schmecken, als hätte der Koch das Essen für waschechte Thailänder, Japaner oder Vietnamesen zubereitet.

Das gab uns einerseits das angenehme Gefühl, Bewohner eines globalen Dorfs zu sein, führte aber auch zu Missverständnissen: Hoppla, so scharf hatten wir uns den Thai-Curry aber nicht vorgestellt; und einige Sushi-Häppchen sahen aus, als wären sie nur sehr bedingt zum Verzehr geeignet.

Um vor scharfen Gerichten zu warnen, führten viele Restaurants in den Speisekarten feurig rote Symbole ein: Eine Chilischote bedeutete: kann man wagen. Drei dagegen waren eine Mutprobe: »Guck mal, wie scharf ich essen kann!«

Bei den japanischen Restaurants fand die Selektion eher über den Preis statt: Köstlichkeiten wie Aal-Sushi und die leckeren Lachshaut-Handrollen gab es meist nur bei den »echten« Japanern. Dort, wo sich überwiegend Geschäftsmänner aus Nippon mit viel Sake und Kirin-Bier nach der Arbeit den Stress von der Seele tranken. In solchen Lokalen wurde Sushi »à la carte« bestellt, pro Stück für etwa sieben Mark, deshalb konnte man sich mit einem einzigen Abendessen schnell mal in eine finanzielle Notlage bringen.

Verglichen mit den beiden ganz großen Gastro-Trends Japan- und Thai-Küche, waren die mindestens ebenso leckeren vietnamesischen Restaurants zu Unrecht etwas unterrepräsentiert. Vielleicht entwickelt sich das ja noch. Doch im Moment sieht es eher so aus, als hätte die Lust am Essengehen durch die allgemeine wirtschaftliche Lage nachgelassen. Inzwischen haben vor allem asiatische Stehimbisse Konjunktur. Viele dieser Garküchen haben jedoch leider nicht viel mehr zu bieten als »heiß, schnell und fettig«. Dank der zahlreichen neu eröffneten asiatischen Lebensmittelgeschäfte gibt es aber eine gute Alternative: Selber kochen!

Zum Beispiel diese beiden exotischen Köstlichkeiten – die gehen ganz einfach und machen mächtig was her:

Lachshaut-Temaki (Sushi-Handrolle)

10 Handrolls. Zubereitungszeit: circa 30 Minuten

Zutaten:

200 g gekochter, abgekühlter Sushi-Reis (den speziellen, rundkörnigen Reis gibt's im Asia-Laden. Am einfachsten: dort auch das typische Würzmittel für Sushi-Reis als Fertigprodukt (»sushi-zu«) kaufen und nach Packungsanleitung zubereiten).
400 g Lachsfilet mit Haut
1 Paket rechteckige Nori-Blätter
2 Kästchen Kresse (oder Rettichsprossen)
1 Salatgurke, geschält und in feine Streifen geschnitten
1 TL Wasabi-Paste (grüner, japanischer Meerrettich)
japanische Sojasauce

Zubereitung:

Lachsfilet in 3 Zentimeter breite Stücke schneiden, leicht salzen, 10 Minuten stehen lassen. Auf einem Stück Alufolie mit der Hautseite nach oben unter den vorgeheizten Grill schieben und ca. 3 Minuten grillen, bis die Haut knusprig ist. Jedes Lachsstück in drei Streifen schneiden. Nori-Blätter halbieren. Auf jedes Stück Nori etwas Sushi-Reis geben, leicht andrücken, Ränder freilassen. Je drei Lachsstreifen, etwas Gurke, und ein kleines Büschel Kresse auf den Reis legen. Jedes Nori-Blatt zu einer Tüte rollen und sofort servieren. Man isst diese Handrolls aus der Hand und taucht sie leicht in ein Schälchen mit Sojasauce, in der man, je nach Geschmack, etwas scharfe Wasabi-Paste aufgelöst hat.

Tom-Kha-Gai
(Thai-Hühnersuppe mit Kokosmilch)

4 Portionen. Zubereitungszeit: circa 40 Minuten

Zutaten:

500 ml Hühnerbrühe
500 ml Kokosnussmilch
40 g frischer Ingwer (oder frische Galangawurzel) in Scheiben
2 Stangen grob geschnittenes Zitronengras
2–3 kleine Chilischoten (unzerkleinert)
2 grob geschnittene Schalotten
400 g gewürfeltes Hähnchenbrustfilet
100 g kleine, weiße Champignons
5 Kaffirlimettenblätter
3 EL Limonen- oder Zitronensaft
2 EL Fischsauce
1 TL Zucker

Zubereitung:

Hühnerbrühe zusammen mit der Kokosnussmilch aufkochen. Ingwer, Zitronengras, Schalotten, Kaffirlimettenblätter und Chilischoten zufügen und eine Viertelstunde leise köcheln lassen. Jetzt das gewürfelte Hähnchenfleisch dazugeben und weitere 5 Minuten sanft köcheln.
Champignons beigeben und mit ca. 3 EL Fischsauce, 3 EL Limonensaft und einer Prise Zucker abschmecken. Die Suppe zum Schluss nach Geschmack mit etwas Cayennepfeffer nachwürzen. (Ingwer, Zitronengras, Chilischoten und Kaffirlimettenblätter werden nicht mitgegessen.)

AUFBLASBARE MÖBEL

Warten auf den großen Knall

Wer etwas auf sich und seine Einrichtung hielt, der besaß Mitte der Neunziger mindestens ein aufblasbares Möbel. Und damit meine ich nicht Papis alte Luftmatratze, die bei Gelegenheit als Gästebett fungiert. Ein Sessel oder Sofa aus durchsichtigem Plastik musste es schon sein – schließlich galt das als Dernièr Cri innenarchitektonischen Zeitgeists: total cool, irre leicht, wahnsinnig mobil. (Auf den Gedanken, allem, was eigentlich niet- und nagelfest ist, Rollen unterzuschrauben, kam man erst ein paar Jahre später). Die Idee, Sitzmöbel mit Luft zu füllen, stammt eigentlich aus den Sechzigern, aber den retro-verrückten neunziger Jahren war sie gerade recht.

Auch ich konnte nicht widerstehen und kaufte für schlappe hundert Mark so einen Luftsessel. Natürlich gab es auch wesentlich teurere Exemplare, Design-Originale aus den Sixties mit lila Zebramuster zum Beispiel, denen die Frankfurter Messe »Ambiente« eine eigene Ausstellung widmete. Doch ich war mit meiner Billig-Variante völlig zufrieden. Ehrensache, dass ich das Ding auch eigenmündig aufpustete – wer braucht teure Luftpumpen, wenn er zwei gesunde Lungen hat. Nach einer knappen halben Stunde hatte der Sessel die richtige Konsistenz und ich war fertig zum Hineinsinken. Aaah, herrlich! Ein bisschen wackelig, aber bequem. Nur diese Geräusche! Es knarzt und quietscht bei der kleinsten Bewegung. Ungefähr so, als ob man gleichzeitig mit dem Fingernagel eine Schiefertafel entlangfährt, mit der anderen Hand an einem Luftballon kratzt und mit den Füßen in einer Styroporbox schabt. Ich versuche, ganz still zu sitzen, und warte, dass sich die Gänsehaut legt. Eine Minute, zwei – wahnsinnig anstrengend. Nichts wie raus aus dem Sessel, von schwerstem Geknatter begleitet, ein Furzkissen ist nichts dagegen. Das war's dann wohl.

Ich fürchte, der Sessel hat das Alessi-Syndrom: Sieht erst mal witzig aus, ist aber nicht wirklich zu gebrauchen. Und ich bin schon wieder darauf reingefallen. Am nächsten Tag wage ich einen zweiten Anlauf – aber bereits mit der inneren Gewissheit: Zwischen uns beiden, Sessel, ist die Luft raus! Aus dem Augenwinkel sehe ich meine

Katze anschleichen, ein kurzes, hackendes Geräusch und unter mir macht es pfff ... Ich bleibe einfach sitzen und genieße entspannt das langsame Zusammensacken.

BALSAMICO

Im Schrank, ganz weit hinten

Anfang der Neunziger hielt der Balsamico seinen triumphalen Einzug in die Vorratskammern deutscher Haushalte. Oder kennen Sie etwa jemanden unter vierzig, der zwischen 1992 und 1999 keine Flasche dieses braunen Essigs daheim hatte? Die Spezialität aus Modena mit dem feinen, süß-säuerlichen Geschmack wurde bereits in den Achtzigern von Spitzenköchen entdeckt. Sie krönten damit edle Salatkompositionen, Saucen und gewagte Desserts wie »Erdbeeren an grünen Pfefferkörnern und Balsamico«. Doch der in den Sterne-Restaurants benutzte Balsamico hat mit dem aus dem Supermarktregal nicht viel gemeinsam. Die beste Qualität hat jahrzehntelang in Eichenfässern gelagert, wurde dabei immer sirupartiger, konzentrierter und geschmackvoller und ist für sehr viel Geld in Spezialitätengeschäften zu haben.

Der Balsamico für Otto Normalverbraucher kostete um fünf Mark und kam uns gerade recht, als wir die italienische Küche jenseits von Pizza, Pasta und Insalata Mista entdeckten. Kein Partybuffet kam mehr ohne Tomate, Mozzarella und Basilikum aus – natürlich mit einem ordentlichen Schuss Balsamico, sonst war es ja nicht echt. Heute könnte man fast glauben, die Italo-Küche sei die eigentliche deutsche Küche: Spaghetti mag praktisch jeder und es gibt sie überall. Eisbein mit Sauerkraut hingegen, auf das man uns, die »Krauts«, im Ausland immer noch gerne festnageln möchte, existiert nur noch als Nischenkultur in ein paar Berliner Spelunken. Eine Tatsache, die kulinarisch und ernährungsphysiologisch kaum zu bedauern ist. Schließlich zählt die italienische Küche zu den besten und gesündesten der Welt.

Nur der Balsamico, der langweilt uns. Auch wenn es mittlerweile Balsamico bianco gibt, der sich nicht mehr gleich farblich outet. Steht noch eine Flasche zu Hause, dann nicht mehr als stolzer Essigsolist in der ersten Reihe, gleich neben dem nativen Olivenöl, sondern verschämt in der zweiten Reihe. Er ist einfach ein bisschen peinlich, dieser Balsamico, der alte Angeber. Dabei kann er gar nichts dafür. Er ist noch genau so gut wie früher. Es geht ihm nur wie allen Dingen, die zu bestimmten Zeiten ganz besonders modisch sind: Eines Tages ist der Trend vorbei. Dann kommt etwas Neues – oder man greift auf Altbewährtes zurück. Auch in der *Harald-Schmidt-Show* fand der Balsamico keine Gnade: »Diese braune Flasche möchte ich nicht mehr sehen. Ich will die kleine Plastikflasche wiederhaben, mit diesem Branntweinessig für 59 Pfennig, mit dem man auch den Kühlschrank sauber machen kann«. Armer, alter Balsamico.

Insalata Caprese

4 Portionen. Zubereitungszeit: circa 15 Minuten

Zutaten:

6 reife, aromatische Tomaten
2 Kugeln Mozzarella (am besten schmeckt der aus Büffelmilch)
1 kleiner Bund frisches Basilikum
2 Esslöffel Balsamico-Essig
3 Esslöffel Olivenöl (aus erster Pressung)
Pfeffer aus der Mühle, Salz

Zubereitung:

Tomaten in ca. 1 cm dicke Scheiben schneiden. Mozzarella halbieren und ebenfalls in Scheiben schneiden. Auf einem großen Teller (oder Servierplatte) die Tomaten dachziegelartig zu einem lockeren Kreis legen. Je eine Mozzarellascheibe zwischen zwei Tomaten legen und ein Basilikumblatt dazwischenstecken, sodass die Blattspitze außen herausguckt. Großzügig salzen und pfeffern. Balsamico und Olivenöl darüber träufeln und sofort servieren.

(Man kann natürlich auch einfach auf jede Tomatenscheibe eine Scheibe Mozzarella und ein Basilikumblatt legen – in der oben beschriebenen Variante sieht es aber hübscher aus.)

BERLIN

Ick gloob, ick spinne!

Berlin war immer schon anders: schmutziger, lauter, aggressiver, aber auch kreativer als der Rest des Landes. Als die Stadt noch eine Insel war, umgeben vom real existierenden Sozialismus, flüchteten hierher alle Unzufriedenen, Besserwisser und sonstigen Aussteiger, in der Hoffnung auf ein anderes, selbstbestimmteres Leben. Vor allem in Kreuzberg, wo die Nächte lang waren und die Dönerbuden zahlreich, etablierte sich eine Kiez-Kultur, deren alternative Selbstgerechtigkeit aber auch etwas Spießiges hatte. Schöneberg war dazu die coole Alternative, Charlottenburg galt als völlig uninteressant, weil hier alles so gepflegt und gediegen aussah wie in West-Deutschland.

Als 1989 die Mauer fiel, änderte sich das Klischee der mächtig alternativen, aber auch ziemlich langweiligen Mauerstadt. Mein erster Besuch im Ostteil Berlins war ein verwirrender Trip in eine andere Welt: Fast 45 Jahre nach Beendigung des Zweiten Weltkriegs waren dort noch immer viele Häuser von Einschusslöchern übersät. Überhaupt: Kopfsteinpflaster, düstere Laternen und kaum Autos – der nächtliche Prenzlauer Berg sah aus wie die Kulisse eines sehr alten Vampirfilms. Überall gab es Flüsterkneipen und illegale Clubs, weil nach dem Ende der DDR die Besitzverhältnisse vieler Häuser unklar waren. Wer eine Party veranstalten wollte, ging einfach in ein leer stehendes Gebäude und legte los. Schankgenehmigungen, Lizenzen? Brauchte damals kein Mensch.

Gleichzeitig entwickelte sich in Mitte nicht nur die größte Baustelle Europas, sondern ein für diese Stadt ganz ungewohnter Glamour. Vom neu verkuppelten Reichstag bis zu den glatt polierten Hackeschen Höfen: Berlin sah plötzlich wahnsinnig gut und neu aus.

Natürlich traf man immer noch Typen, die in Badelatschen und Trainingsanzug eine Currywurst vertilgten, aber in der Friedrichstraße konnte man nun sogar Manolo-Blahnik-Schuhe kaufen und die neuesten Avantgarde-Kreationen der belgischen Designerin Ann Demeulenmeester. Abends ging es dann zum Schaulaufen nach Mitte: »Cookies«, »Cibo Matto«, »WMF«, »808«, »Sage Club« – jede Woche eröffnete ein neuer Laden und überall traf man eine wilde Mischung aus Werbern, am Neuen Markt zu Geld gekommenen Internetdienstleistern, den üblichen Berliner Lebenskünstlern und Berufshipstern.

Keine Sekunde fühlte man sich wie in einer normalen deutschen Großstadt. In Mitte wehte der Duft der großen weiten kreativen Welt: London, New York, Paris – darunter ging kein Vergleich. Permanent liefen einem Prominente über den Weg, mal Schlingensief, mal Grass, einmal hab' ich sogar Lenny Kravitz in einer Stretch-Limo gesehen. Andererseits sorgten gerade die vielen Underground-Clubs, Mini-Plattenlabels und sperrigen Künstler dafür, dass amerikanische und englische Zeitschriften begeistert und in großen Storys über »die Stadt unter der Discokugel« berichteten. Mit »Discokugel« war in der Regel der Ostberliner Fernsehturm gemeint.

»Berlin Mitte Boy, deine Party kennt kein Ende«, sangen sie dann in den einschlägigen Lokalen nach einer Melodie der Pet Shop Boys. Leider fand die große Party doch ein Ende, als ein Start-up nach dem anderen Pleite ging, als die Redaktionen der großen Zeitungen ihre Berliner Büros schlossen, als die Konzeptioner und Webdesigner arbeitslos wurden und alle anfingen zu sparen. Gefeiert wird in Berlin natürlich immer noch, nur etwas leiser und dezenter. Und das hipste Viertel sei jetzt nicht mehr Mitte, heißt es, sondern wieder das gute, alte Kreuzberg. Berlin bleibt doch Berlin.

BOYGROUPS

Die süßeste Versuchung, seit es Popmusik gibt

Als Take That noch über die Bühne purzelten wie ein Rudel frisch frisierter Pudel kam mir zum ersten Mal der Gedanke, dass ich möglicherweise doch anders bin als andere Frauen: Boygroups und ihre einstudierten Tanzschritte ließen mich nicht nur völlig kalt – sie gingen mir regelrecht auf die Nerven. »Oooch, die sind doch süüüüß«, flöteten meine Freundinnen im Chor. Und mein neunmalkluger Freund dozierte: ›Back for Good‹ ist gar nicht so übel, echt großer Pop.« Mag ja sein, aber für mich sind 20-jährige Melitta-Männer eher das Ergebnis eines außer Kontrolle geratenen Genforschungsprojekts. Also ergriff ich die Flucht, mied die MTV-Sendungen, in denen geföhnte Bubis ihre Münder zu niedlichen Schnütchen formten und Dinge plapperten wie: »Ich bin trotz meines wahnsinnigen Erfolges und trotz meines fantastischen Aussehens immer noch Single und auf der Suche nach einem ganz normalen Mädchen.«

Doch es gab kein Entrinnen, die Boygroups waren überall, und am Ende eroberten sie sogar meinen Fitnessclub: Eines Abends geriet ich vor dem Eingang in einen seltsamen Mädchenauflauf. Etwa 40 Teenager zwischen 12 und 15 lungerten vor den großen Fenstern des Sporttempels herum und glotzten ungeniert ins Innere. In feinste Sportswear gehüllt standen dort Breakfast Club – Hamburgs Antwort auf Take That. Betont lässig lupften die drei Jungs Gewichte, glänzten mit perfekt ausgeführten Sit-ups und schielten dabei dezent nach draußen. Jede Bewegung, jeder Schweißtropfen wurde dort goutiert, als würde Robbie Williams persönlich auf der Matte turnen. Es war widerlich. Andererseits lastete auf den drei Buben ein ungeheurer Druck: Natürlich war ihr Aussehen wichtiger als ihr Gesang – den konnte man notfalls digital nachbearbeiten.

Wochen und Monate gingen so ins Land: Die kleinen Zuschauerinnen vor den Fenstern wurden weniger, die Plattenverkäufe scheinbar auch – lediglich die Muskeln der Jungs nahmen zu, immerhin. Wir waren inzwischen fast so was wie Kumpels, ich und die »Band«. Nicht, dass wir auch nur einmal miteinander gesprochen hätten, daran hatte ich nach wie vor nicht das geringste Interesse. Ich studierte die durchgestylten Knaben eher, wie eine seltene Tierart. Als der Blonde verschwand, weil er Moderator einer Teenie-Show wurde, war mir das noch egal, der interessierte mich am wenigsten. Doch bald darauf kam auch der Dunkelhäutige mit den freundlichen Augen nicht mehr zum Training. Jemand erzählte, die Breakfast-Club-Boys hätten sich wegen Erfolglosigkeit getrennt. Ob sie deshalb nicht mehr so viel Wert auf ihr gutes Aussehen legten? Leider tauchte dann auch der Dunkelhaarige nur noch sporadisch auf. Seltsam, ich hatte mich so sehr an »meine« Boygroup gewöhnt, dass mir das Training ohne die drei gar keinen rechten Spaß mehr machen wollte.

Heute gibt es nicht nur keinen Breakfast Club mehr, auch die Ära der im Gleichschritt singenden und tanzenden Boys und Girls scheint vorüber. Es muss wieder rocken. Natürlich teeniegemäß und gefühlvoll, so wie Der Junge mit der Gitarre oder Natural. Selbst geschrieben und co-produziert sollen die Lieder auch noch sein. Plastik-Pop ist out, eine neue, eher behauptete als tatsächlich stattfindende Authentizität ist in. Die durch massive Umsatzeinbrüche verunsicherte Musikindustrie setzt auf neue Werte – für Fitness bleibt da wenig Zeit.

BRITISH MEAT

Der nackte Wahnsinn

Zu den angenehmeren Seiten des Journalistenlebens gehören Presse-Events, bei denen man sehr gutes Essen und entsprechende Getränke serviert bekommt. Also folgte ich freudig einer Einladung zur Verkostung rarer schottischer Whiskys mit anschließendem Dinner. Solche Whisky-Degustationen waren in den Neunzigern *en vogue* – das rauchige Getränk passte auch prima zum ach so modischen Zigarren-Kult. Aber das ist ein anderes Thema.

Wie wir bald erfuhren, hatte der Veranstalter extra ein Team britischer Köche einfliegen lassen, die ihre original britischen Zutaten mitgebracht hatten. Das Essen war exzellent: Salat mit gebratenem Kalbsbries, Lammleber-Paté, dicke Rindersteaks mit Markkruste in Rotwein-Schalotten-Sauce und zum Dessert Stachelbeer-Crumble mit Zimteis. Am Schluss bekam jeder von uns die traditionelle Kluft englischer Metzger geschenkt: einen Strohhut und eine blau-weiß gestreifte Schürze – mit dem Aufdruck »British Meat«.

Das war, glaube ich, 1994. Einige Tage später hörte ich das erste Mal davon, dass in England die Rinder verrückt geworden seien. Von BSE war die Rede, und davon, dass das auch als Creutzfeld-Jacob-

Krankheit auf Menschen übertragbar sei. Besonders die Innereien, wie Leber und Mark, seien gefährlich. Sofortige Importstopps für Fleisch aus England traten in Kraft. Nachdenklich betrachtete ich meine gestreifte British-Meat-Schürze: Wie konnten diese Mistkerle uns ohne Warnung so ein Essen servieren? Hätte ich mich vorher besser informieren müssen? Würde ich jetzt wahnsinnig werden? Ein bisschen merkwürdig fühlte ich mich schon – und mein linkes Auge zuckte die ganze Zeit.

Bisher scheint es, als sei alles noch mal gut gegangen – obwohl ich, hypochondrisch wie ich nun mal bin, bei kleinen Gedächtnislücken statt »Alzheimer« jetzt bevorzugt die Selbstdiagnose »BSE« stelle. Ich achte besser darauf, was ich esse – soweit das überhaupt möglich ist. Und wenn ich im Sommer für Freunde Würstchen, Steaks und Tofuburger grille, dann trage ich natürlich immer meine blau-weiße Schürze mit dem British-Meat-Logo.

Das schweigsame Dutzend: Die schönsten Leichen der Neunziger

River Phoenix (Schauspieler): 13.10. 1993
Kurt Cobain (Grunge-Gott): 5.4.1994
Lady Di (Königin der Herzen): 1997
Tupac Shakur (Rapper): 13.9.1996
Petra Kelly (Grüne Ikone): 19.10.1992
Gianni Versace (Super-Designer): 15.7.1997
Freddie Mercury (Pop-Tenor): 1991
Falco (junger Römer): 6.2.1998
Klaus Kinski (Wüterich): 1991
Marlene Dietrich (Diva): 6.5.1992
Michael Hutchence (INXS): 22.11.1997
Rio Reiser (König von Deutschland): 20.8.1996

BUFFALO BOOTS

The Only Way Is Up

Sie sahen aus wie futuristische Raupenfahrzeuge und ihre Wiege stand in Frankfurt: Techno-DJ Sven Väth war der Erste, der 1993 mit einem Paar Turnschuhe herumlief, die auf eine etwa zehn Zentimeter dicke Gummisohle geklebt waren. Und weil damals alles hip war, was »de Sven« tat oder trug, sah man in Clubs bald immer häufiger junge Raver, die sich wie Astronauten auf einem fremden Planeten bewegten: ganz vorsichtig und eiernd. Sie taten das nicht freiwillig, ihre grotesk hohen Sneakers ließen ihnen einfach keine andere Möglichkeit.

Das frühere Cowboystiefel-Fachgeschäft »Buffalo Boots« witterte die Chance zuerst. Schon bald gab es in der Frankfurter Filiale die bizarrsten Versionen der immer gleichen Idee: Slipper, Clogs, Stiefel – alles mit gigantischen, klobigen Absätzen. Mal in Lack, mal mit Fell, immer plump und nie elegant. Und während coole DJs wie Väth schnell das Interesse am hohen Auftritt verloren, expandierte das kleine Schuhgeschäft zur internationalen Marke: Türsteher mussten zeitweise den Andrang der minderjährigen Mädchen regeln, die aus dem gesamten Umland nach Frankfurt pilgerten, um auch ohne Stöckelschuhe ein paar Zentimeter zu wachsen. Jungs favorisierten vor allem die klobigen Stiefel, gerne mit Schnallen und anderen kleinen Applikationen.

Inzwischen gibt es »Buffalo«-Läden selbst in London, und die Produktpalette wurde um ganz normale modische Schuhe erweitert. Die echten Buffalo-Fans findet man heute nur noch im Osten oder in Hochhaussiedlungen am Rande von Frankfurt, Berlin oder Hamburg. Aber ich wette: Wenn in ein paar Jahren das Revival von Kirmes-Techno ansteht und Scooter ihr Comeback feiern, dann sind sie wieder ganz groß dabei – die Buffalo Boots.

Besser als Doppelkorn

Es war der Fall der Berliner Mauer, der die Caipirinha nach Deutschland gespült hat. Meine erste Begegnung mit dem Gebräu aus zerquetschten Limetten, Zucker, Zuckerrohrschnaps und zerstoßenem Eis fand 1991 in Berlin Mitte statt. Links das »Elektro« – legendärer Techno-Schuppen der ersten Stunde, rechts der »Friseur« – Ausstellungs- und Partylocation für Cheap-Art-Künstler wie »4000«. Dazwischen ein finsteres Abbruchgrundstück voller riesiger Matschpfützen. Über schwankende Baubretter balancierend und schließlich eine Art Hühnerleiter hinab taperte man mit eingezogenem Kopf in ein verwinkeltes Kellergewölbe. Schummrig, feucht und voll gestopft mit verwarzten Sperrmüll-Möbeln. Die illegale Bar, Eingeweihten unter dem Namen »Der Brasilianer« bekannt, schenkte, außer Bier, nur ein Getränk aus: Caipirinha. Das Zeug schmeckte umwerfend. Und brachte einen umwerfend gut drauf.

Damals war Caipirinha noch Underground. Aber kurze Zeit später war er praktisch überall. In schicken Großstadtbars löste er die schal gewordene Achtziger-Unsitte »Sekt auf Eis« ab, um dann seinen endgültigen Siegeszug als »ultimatives Partygesöff der Neunziger« anzutreten: In den Discos von Buxtehude bis Klein-Krotzenburg schallte es aus tausend durstigen Kehlen: »Caipi!!!« Wer den Caipirinha seines Hinterteils beraubt hat, kann nur vermutet werden. Waren es jene, die ihren Computer liebevoll »Compi« nennen und sich in Kleinanzeigen wie »Mein Hasipupsi. Hab dich liebilieb. Dein Schnutzelmausi« öffentlich ihre Zuneigung gestehen? Oder geht die Kurzform auf das Konto haltlos Besoffener: »No'hn Caipi« lässt sich schließlich auch nach dem siebten Glas noch artikulieren. Am Ende lässt man sich ins Taxi fallen und die Frage, wohin es denn gehen soll, kennt nur eine Antwort: »Hause!«

Natürlich schmeckt Caipirinha heute noch genau so wie zu seinen Glanzzeiten – und wirkt auch noch genau so. Trotzdem wird er selten getrunken. Ist er, wie viele glauben, den Weg aller Trenddrinks gegangen und jetzt einfach »out«? Nein. Ich glaube, die Caipirinha ist nach zehn mühevollen Wanderjahren durch Dorfdiscos und

Szenekneipen in der Oberliga angekommen – er ist zum Klassiker geworden. Zeitlos und von Moden unabhängig. Sagen Sie das dem Möchtegern-Hipster, der Sie mitleidig und leicht von oben herab belächelt, wenn Sie morgen in Ihrer Lieblingsbar einen Caipi(rinha) bestellen. Einfach, weil Ihnen danach ist.

Caipirinha

Zutaten:

1 Limette
2 TL Zucker (weiß oder braun)
gestossenes Eis
5 cl Cachaca (brasilianischer Zuckerrohrschnaps)

Zubereitung:

Limette in Sechzehntel teilen, mit dem Zucker im Cocktailglas nicht zu fein zerstoßen (am besten mit einem kleinen hölzernen Stampfer), Eis und Cachaca dazugeben, mit Strohhalm servieren.

Ganz schön süffig: Die Trenddrinks der Neunziger schmecken auch heute noch

1990 — Tequila – wenn's mal wieder richtig krachen soll
1991 — Caipirinha – wenn einem wieder mal nichts anderes einfällt
1992 — Margarita – wenn man schon sonst kein Vitamin C zu sich nimmt
1993 — Whiskey Sour – wenn man sich fühlen möchte wie in New York
1994 — Mai Tai – wenn man gerne Schirmchen, Strohhalme & Co. mag
1995 — Hemingway – wenn man auf harte Männer steht
1996 — Mojito – wenn man den ewigen Caipirinha satt hat
1997 — White Russian – wenn der Lieblingsfilm *The Big Lebowski* heißt
1998 — Swimming Pool – wenn das Geld für den Karibikurlaub fehlt
1999 — Long Island Ice Tea – wenn man mal keine Lust auf Alkohol hat

Kiffen – das letzte große Abenteuer

Für normale Zeitungsleser war es nur eine Meldung; für Kiffer dagegen öffnete sich der Himmel: Das Bundesverfassungsgericht hatte 1994 in seinem »Haschischurteil« empfohlen, den privaten Konsum nicht länger strafrechtlich zu verfolgen und eine straffreie Mindestmenge festzusetzen. In Bayern galten fünf Gramm Gras als tolerabel, in Hamburg durfte man sich mit dem Vierfachen erwischen lassen.

Riesensache, freute man sich da auch in der Redaktion des beliebten Lifestyle-Blatts *Tempo*. Und weil man in den vergangenen Ausgaben schon so manchen Test gemacht hatte – mal Bier, mal Eis, mal Gummibärchen –, dachte sich der Chefredakteur Walter Mayer: Warum nicht mal einen Haschisch-Test? Gesagt, getan. An einem schönen Samstag im Mai versammelte sich in der direkt am Hamburger Hafen gelegenen Redaktion eine erlesene Riege prominenter Dope-Experten: Stefan Raab; Ben Becker; Rolf Zacher; Andrew Eldrich, der Sänger der Sisters Of Mercy, sogar eine abstinente Abgeordnete der Grünen war als Beobachterin dabei.

»Im kultivierten Rahmen und aus aktuellem Anlass wurden die gängigsten Cannabis-Produkte getestet. Kriterien u.a.: Geruch, Bouquet im Rauch, Einfahr-Faktor«, liest sich das dann später im Heft. Die Praktikanten der Redaktion, oder wer auch immer, hatten offenbar jeden Dealer Norddeutschlands konsultiert, um ein beeindruckendes Cannabis-Sortiment anzuhäufen: Da gab es Super Skunk aus Holland (»Wertung: hammerhart, hinterfotzig«), Himachal Pradesch aus Indien (»Wertung: Bronchienklatscher, allerdings sanftmütig in der Nachwirkung«) oder Maroc Premier aus Marokko (»Wertung: karottenartig, zauberhaft«).

Die Promis zeigen sich entsprechend gut gelaunt: Genüsslich schnüffelt Raab am Dope, Becker erstickt fast an seiner Gier, doch den Vogel schießt eindeutig der Schauspieler Rolf Zacher ab: »Uga! Uga! Uga! Uga!«, schreit er. Er nimmt noch einen Zug, und dann noch einen. »Uga!«, heult er noch mal. Und dann trommelt er sich mit der Faust auf dem Brustkorb herum. Aber Zacher muss sich nicht schämen, dass es ihm etwas zu gut geht, er hat schließlich schon ein paar Pfeifchen und einen Joint geraucht. Ben Becker zieht derweil lieber ein wenig Pakistani Border durch ein dickes Kawumm. Überall liegt Dope auf dem Teppich.

Die Fantastischen Vier wollten an diesem Samstag im Mai 1994 eigentlich auch noch auf einen Joint vorbeikommen: »Fein, bis Samstag«, hatten sie versprochen. Doch als sie dann am Sonntag vor der Tür standen, war niemand mehr da. Vielleicht haben sie ja schon zu Hause ein bisschen probiert.

An der unklaren Gesetzgebung von 1994 hat sich bis heute nichts geändert: Noch immer hängt es vom Bundesland ab – oder vom einzelnen Beamten –, ob ein Kiffer für sein Hobby bestraft wird oder nicht. Das sollte man mal mit Biertrinkern machen! Ein gutes Viertel aller deutschen Jugendlichen haben trotzdem schon einmal Gras oder Haschisch probiert. Immer mehr Prominente wie Moritz Bleibtreu und Roger Willemsen bekennen sich neuerdings zum »gelegentlichen« Feierabend-Joint. Warum auch nicht?

COCOONING

Daheim ist daheim

»Ach, lass uns doch einfach gemütlich zu Hause bleiben«, war ein oft gehörter Satz in den Neunzigern. Und zwar keineswegs aus dem Mund von Rentnern oder notorischen Stubenhockern. Es war die Generation der 20- bis 30-Jährigen, die die Gemütlichkeit ihrer Wohnung dem anstrengenden Ausgehen vorzog. Die US-Trendforscherin Faith Popcorn prägte dafür den Begriff »Cocooning«: So wie Seidenraupen sich in einen Kokon einspinnen, wärmen sich die Menschen im eigenen Heim aneinander. Sie machen es sich nett, lassen die kalte, böse Welt draußen vor der Tür.

Es war aber auch verdammt kuschelig in den eigenen vier Wänden: Wir richteten uns im Country-Stil ein, mit viel warmem Buchenholz und amorphen, seelentröstenden Formen. Die pastelligen, heimeligen Stoffe und Farben der britischen *Designer's-Guild*-Kollektion beherrschten das Interieur. Es durfte gerne auch eine ordentliche Portion Kitsch dabei sein. Hauptsache raus aus der Achtziger-Coolness – und rein ins barocke Wunderland der roten Samtsofas, goldenen Putten, gedrechselten Kerzenleuchter und prachtvollen Übergardinen. Wer würde da nicht zur Couchkartoffel mutieren?

»Cocooning« bedeutete jedoch nicht, im Jogginganzug mit einer Pappschachtel Pizza einsam vor dem Fernseher zu hocken. Sicher, solche Abende gab und gibt es natürlich auch. Die eigentliche Frage war aber: wozu Ausgehen, wenn man Freunde zu sich nach Hause einladen kann? Ist doch viel netter! Die Zahl der kleinen Privatpartys stieg sprunghaft. Zu den entspannenden Klängen von Kruder und Dorfmeister wurde gekocht und nett geplaudert. Cocooning war einfach die coole Art, älter zu werden. Wenn man erst mal Dreißig ist, macht man eben Dinge, die nur zwei Jahre vorher undenkbar waren.

Der Rückzug ins Private gab aber auch ein Gefühl von Sicherheit in einer Zeit verstärkten Kontrollverlusts. Die Geschicke der Welt schienen von Mächten geleitet, auf die der Einzelne keinen Einfluss nehmen konnte. Politische und gesellschaftliche Themen zur eigenen Sache zu machen? Daran bestand größtenteils kein Interesse. Müdes Abwinken: »Man kann ja doch nichts ändern, also was soll's? Schieb lieber noch mal die Kuschel-Lounge-CD rein.«

COMEDY-BOOM

Der nächste Gag ist immer der schwerste

»Humor ist, wenn man trotzdem lacht«, sagt der Volksmund, »Witzischkeit kennt keine Grenzen«, sang schon Heinz Schenk und »Lachen ist ein Entlastungsmoment«, weiß die Wissenschaft. Ich behaupte: *RTL Samstag Nacht* ist an allem Schuld. Zumindest am großen Comedy-Boom, der uns in den Neunzigern heimsuchte wie einst die Heuschrecken das biblische Ägypten. 1993 gingen Olli Dittrich, Wigald Boning und Scherzkollegen auf Sendung. Schon kurze Zeit später nannten sich die beiden auch noch Die Doofen, trugen rote Nasen, lustige Kostüme und hüpften – »Tuff tuff tuff, wir fahren in den

Puff« – singend über die Bühnen der deutschen Stadthallen. Und Esther Schweins hatte zwar eine tolle rote Mähne – aber Humor? Ist was anderes. Trotzdem saßen bei *RTL Samstag Nacht* regelmäßig bis zu vier Millionen Zuschauer vor der Glotze. Ich natürlich auch.

Schon bald tauchten immer mehr Scherzkekse im Fernsehen auf: Ingolf Lück präsentierte uns *Die Wochenshow* und zum Glück auch eine Lichtgestalt der deutschen Comedy-Szene, die großartige Anke Engelke. Danke, Anke! Doch, wirklich! Michael Mittermaier wieherte und quiekte im *Quatsch Comedy Club*, Herbert Feuerstein ließ sich eine Nacht lang beim Schlafen filmen. Und Gaby Köster, diese quietschbunte, quasselnde Discopalme, gab sich genau so lustig, wie sich manche Männer Frauen mit Humor vorstellen: derb, kreischig und garantiert unsexy.

Die *Bullyparade* – natürlich von und mit Michael »Bully« Herbig, war anfangs so schlecht, dass ich fassungslos vor dem Fernseher saß. Ich konnte nicht wegzappen, musste wie hypnotisiert hinstarren: was kommt jetzt wieder für ein unterirdischer Gag? Also, entweder sind die immer besser geworden, oder ich habe mich an den Schwachsinn gewöhnt – jedenfalls gehören die Bully-Jungs heute zu meinen Lieblingen; die haben echte »Funny Bones«. Nur die blonde Hupfdohle macht mich fertig. Echt lustig (und hübsch) ist aber auch Kaya Yanar. Also: *Was guckst du?*

Als Tom Gerhardt auf *Ballermann 6* landete, gab es endgültig kein Halten mehr: Eimer voller Sangria, Köpfe in der Kloschüssel und Fäkalien im Gesicht – das interessierte 2,45 Millionen Zuschauer, genug für Platz 2 der deutschen Kino-Charts. Bei einigen Vorführungen musste sogar die Polizei anrücken; die Zuschauer hatten sich an den Exzessen der Schauspieler ein Beispiel genommen und randalierten und urinierten hemmungslos besoffen im Saal.

Der Spiegel witterte natürlich gleich eine »Tyrannei des Kindischen«. Dabei entzieht sich der Witz ganz schlicht jeder Qualitätskontrolle: Lustig ist, was uns zum Lachen bringt, und das ist individuell höchst verschieden. Selbst der großartige Harald Schmidt probierte auf der Suche nach dem kleinsten gemeinsamen Nenner sein Glück zunächst mit Polenwitzen, verglich Frauen mit Kloschüsseln und amüsierte sich königlich über die Ohren von Prinz Charles.

Das Comedy-Angebot im TV wird immer größer – ob es auch besser wird ... Man muss ja nicht alles anschauen. Freunde des leisen, weisen, hintergründigen Humors werden wahrscheinlich weniger auf ihre Kosten kommen. Wie immer. Aber ehrlich, ich finde: Manchmal muss es einfach so richtig schön platt sein! Gewisse Menschen glauben, es sei unter ihrer Würde, über Brüller und Schenkelklopfer zu lachen. Vielleicht fehlt diesen Leuten aber einfach nur der Humor. Ich jedenfalls lache niemals unter meinem Niveau.

Die 10 unterhaltsamsten TV-Serien der Neunziger

Die einzig verbliebene TV-Supermacht war hier absolut konkurre los.

Die Simpsons

Wenn man eine Comicfigur wäre, dann möchte man in Springfiel wohnen – aber nicht direkt neben Ned Flanders.

Ally McBeal

Das Gummibärchen, Fish, Ling und die Unisex-Toilette – es gab viele gute Gründe, Ally Mc Beal zu gucken. Calista Flockhart war gar nicht so wichtig.

Eine schrecklich nette Familie

Welche Frau hätte nicht gerne einen charmanten Schuhverkäufer wie Al Bundy zum Mann?

Akte X

»Mulder! Was ist das für ein Tentakel, der da hinten aus Ihrer Hos heraushängt?«

Beverly Hills 90210

Jeden Samstag fragten wir uns: Welche haarsträubenden Abente werden Brandon, Steve, Dylan und Donna diesmal wieder erleber

Melrose Place

Jeden Samstag fragten wir uns: Wen wird Superzicke Amanda diesmal wieder aufs Kreuz legen? Und wann wird es sie endlich selber mal erwischen?

Die Nanny

Fran Fine ist das Kindermädchen mit der höchsten Gagdichte un dem extremsten Klamottengeschmack.

Twin Peaks

Auch wenn man oft nicht wusste, worum es eigentlich ging – selten war Fernsehen so aufregend, spannend, mysteriös, lustig und bizarr.

Seinfeld

Eine Punchline jagt die nächste: Komiker Jerry Seinfeld ist zwar die Hauptfigur, aber sein Freund Kramer ist der wahre Held.

Buffy

Die blonde Vampirkillerin Sarah Michelle Gellar wirkt unschuldig, hat es aber faustdick hinter den Ohren.

CORONA

Für Bauarbeiterkehlen viel zu chic

Bier hat ja etwas sympathisch Bodenständiges: Im Sommer unter alten Bäumen sitzen, vor sich eine frisch gezapfte Maß, dazu vielleicht eine Salzbrezel. Herrlich, das ist doch ein echtes Stück Kulturgut. Das war es. Bis die Exoten kamen. Biere, deren einziger Reiz es war, dass sie von einem möglichst weit entfernten Kontinent stammten.

Welche Auswirkungen diese Globalisierung hat, erlebte ich zum ersten Mal in einem eher rustikalen Restaurant: Unter lautem »Hallihallo« und »Alles locker, oder was?« trafen sich am Nachbartisch ein paar betont dynamische Jung-Banker. Jeder von ihnen besaß vermutlich ein silbermetallisches 3er-BMW-Cabrio, das garantiert möglichst nah am Eingang im Halteverbot parkte. Als die Bande nebenan immer lauter wurde, riskierte ich einen prüfenden Blick: Mit großem Gejohle und stolz wie Oskar über ihr verwegenes Betragen knallten die Banker ein paar Bierflaschen gegeneinander, in denen oben ein Stück Limone steckte. Klar, es war Corona, das so genannte »Kult-Bier« aus Mexiko. Das schmeckte ziemlich dünn und leicht süßlich, kostete dafür aber mehr als doppelt so viel wie ein nach dem deutschen Reinheitsgebot gebrautes Bier. Die Schlipse am Nachbartisch hatten trotzdem ihren Spaß. Penibel achteten sie darauf, das Limonenstück nicht zu verschlucken, während sie aus der Flasche tranken, wie von den Lifestyle-Zeitschriften vorgegeben. Das war vermutlich das Wichtigste: sich fühlen wie ein Trupp Bauarbeiter in der Mittagspause, und dabei trotzdem trendy und vermeintlich stilvoll sein.

Glücklicherweise wurden die anderen Bier-Exoten eher stil genossen. Gegen Singha, Fosters, Miller und Konsorten habe ich deshalb nichts einzuwenden. Aber mal ehrlich, auch wenn ich keine große Biertrinkerin bin: Ist Bier nicht wie Currywurst eine sympathisch proletarische Angelegenheit? Mit einem Astra in der Hand bei St. Pauli in der Fan-Kurve stehen – so sollte das sein!

CRÈME BRULÉE

Die Mousse muss weg

Wenn es um Nachtisch geht, habe ich nicht nur einen Extramagen, sondern auch eine Theorie. Ich behaupte nämlich: die bevorzugten Desserts eines Jahrzehnts spiegeln immer auch die allgemeine seelische Befindlichkeit der jeweiligen Ära wieder.

In den Fünfzigern war es der Vanillepudding – lauwarm, mild und weich, keinerlei Kauleistung erfordernd – die erfüllte Sehnsucht nach etwas Heimeligem, das die entbehrungsreichen Jahre vergessen ließ. Die Sechziger waren scharf auf »Eis mit Heiß« – einen Eisbecher mit heißer Himbeer- oder Kirschsoße: die kulinarische Synthese aus Kaltem Krieg und heisser Phase des Wirtschaftswunders. In den Siebzigern ließ man sich im Restaurant gern »Crèpe Suzette flambée« servieren – die flambierten Eierkuchen in Orangensoße umwehten selbst die kleinbürgerlichste Existenz mit einem modischen Hauch kulinarischer Weltläufigkeit – Licht aus, Feuer an, oh, la laaa ...

Die Achtziger waren das Jahrzehnt der Schaumschläger. Das passende Dessert? Natürlich Mousse au Chocolat.

Da hatten die Neunziger schon mehr Substanz. Ihr Dessert-Aufsteiger hieß Crème Brulée – eine Vanille-Eiercreme unter knackigbrauner Zuckerkruste. Ist erst einmal der harte Karamell durchstoßen, kommt feinste Crème zum Vorschein. Lecker. Aber was will uns dieser Nachtisch sagen? Symbolisiert die Zuckerschicht vielleicht das

»dünne Eis«, auf dem wir uns in den Neunzigern bewegten, während darunter schon der Sumpf brodelte? Aufstieg und Fall der New Economy – kulinarisch vorweggenommen? Das Leben ist hart, aber innen ist es weich und lecker? Ist die Crème Brulée im Grunde nur ein überbackener Vanillepudding – und damit die Sehnsucht nach den fünfziger Jahren, verschämt versteckt unter dem harten Deckmäntelchen des globalen Kapitalismus?

Ich habe keinen Schimmer! Wenn Sie es wissen: Postkarte genügt. Unter allen Einsendungen verlosen wir ein Crème-Brulée-Wettessen mit der Autorin. Der Rechtsweg ist von rechts wegen ausgeschlossen. Ich weiß nur so viel: Crème Brulée ist gefährlich köstlich – und sie wird noch lange unser Lieblingsdessert bleiben.

Crème Brulée

6 Portionen. Zubereitungszeit: circa 50 Minuten

Zutaten:

6 Eigelb
6 EL Zucker
1 Vanilleschote, längs aufgeschlitzt
400 ml Schlagsahne
6 TL Zucker für die Kruste

Zubereitung:

Backofen auf 220 Grad vorheizen.

Eigelb mit 6 Esslöffeln Zucker verrühren. Das Mark der Vanilleschote auskratzen und unterrühren. Sahne langsam zugeben und gut vermischen. Mischung auf 6 ofenfeste Steingutförmchen verteilen. Förmchen in die Fettpfanne des Backofens setzen (sie dürfen sich nicht gegenseitig berühren) und so viel Wasser in die Fettpfanne gießen, dass die Förmchen etwa zur Hälfte im Wasser stehen. Ca. 35 bis 40 Minuten backen. Herausnehmen und aus dem Wasser heben. Auskühlen lassen und dann – am besten über Nacht – in den Kühlschrank stellen.

Zwei Stunden vor dem Servieren jedes Förmchen mit einem Teelöffel Zucker gleichmäßig bestreuen. Unter dem Grill ca. zwei Minuten bräunen, bis der Zucker geschmolzen und leicht karamellisiert ist. (Einfacher gelingt die Zuckerkruste mit einem speziellen Mini-»Bunsenbrenner«, den es für ca. 40 Euro in Haushaltswarengeschäften gibt. Lohnt sich aber nur, wenn man sehr oft Crème Brulée zubereiten will.)
Die Crème ca. 2 Stunden in den Kühlschrank stellen, bis die Zuckerkruste gehärtet ist.

CYBERSPACE

Wo die wirren Kerle wohnen

Den Begriff »Cyberspace« hat sich der Science-Fiction-Autor William Gibson (*Neuromancer*) einfallen lassen. Ursprünglich verstand man darunter die Erzeugung eines dreidimensionalen Bildes im Computer: Eine Art Helm überträgt jede Kopfbewegung und versorgt Augen und Ohren über Minibildschirm und Kopfhörer mit 3-D-Bildern und Stereosound. Mit einem »Datenhandschuh«, der ebenfalls mit dem Computer verkabelt war, sollte man die Bewegungen im virtuellen Raum steuern können. Das behaupteten jedenfalls die Obergurus der neuen Digital-Esoterik-Sekten, die vom ehemaligen Hippie-Eldorado Kalifornien aus die Welt erobern wollten. Das waren meist schillernde Typen wie R.U. Serious oder der frühere LSD-Prophet Timothy Leary. Dabei ging es beim Cyberspace, den man auch »Virtual Reality« nannte, vor allem um die Lösung wissenschaftlicher Probleme, die eine räumliche Darstellung erforderten: Flugsimulationen oder Städteplanung zum Beispiel.

Doch die Medien entdeckten noch ganz andere Möglichkeiten. Es gab kaum eine deutsche Zeitschrift, die das Thema nicht zur Titelstory erklärte. Und weil selbst revolutionäre Technik einen etwas spröden Beigeschmack hat, packte man gleich noch eine ordentliche Portion Sex dazu. »Cybersex« nannte man das lüstern und alle schwelgten in der Vorstellung, wie es wohl wäre, statt eines Helms und Handschuhs gleich einen Ganzkörperanzug zur Verfügung zu haben. So genannte »Effektoren« und eine schlüpfrige Software sollten der Selbstbefriedigung ganz neue Welten erschaffen. Weil das aber keiner zugeben wollte, gab es auf den gestellten Fotos zu den ausgedachten Geschichten meist ein verkabeltes Technopärchen zu sehen. Als hätte man zu zweit noch künstlichen Sex nötig.

Der große Frust kam, als auf Computermessen und anderswo die ersten Prototypen dieser unglaublich tollen Gerätschaften auftauchten. Donnerwetter, war das langweilig, langsam und so grob gepixelt wie die allerersten Computerspiele. Heute redet zum Glück kein Mensch mehr davon.

DEUTSCHER HIP-HOP

»Ich leb' den Scheiß, Mann«

Christian war ein Hip-Hopper. Bis zu seinem fünfzehnten Geburtstag lebte er recht unauffällig bei seinen Eltern in der Wohnung unter uns. Aber da wusste er auch noch nichts von seiner Berufung. Als 1992 »Die Da« von den Fantastischen Vier in die Läden kam, hörte man ihn manchmal im Treppenhaus den Refrain pfeifen: phüphüphü phüphüphü phüphphüüü. Im Musikunterricht musste der Junge eine totale Niete sein, so schief schrappte er an der Melodie entlang.

Bald darauf begann er sich äußerlich zu verändern: Auf seinem kurz geschorenen Kopf thronte nun eine umgedrehte Baseballkappe. Für seine Turnschuhe hatte er sich ein paar extra dicke Schnürsenkel besorgt, die er nach einem komplizierten System wickelte. Seine grüne Adidas-Jacke zog er wahrscheinlich nicht einmal zum Schlafen aus. Die Musik, die aus seinem Jugendzimmer herauf in mein Schlafzimmer dröhnte, wurde Monat für Monat lauter. Immerhin kann ich so heute behaupten: Ich habe den Aufstieg des deutschen Sprechgesangs aus erster Hand miterlebt – von den Jugendzentren direkt in die Charts. Der wesentliche Unterschied zum amerikanischen Hip-Hop bestand in der schwerwiegenden Tatsache, dass man die Texte besser verstand: »Ich habe einen grünen Pass, mit 'nem goldenen Adler drauf«, behaupteten Advanced Chemistry, als die Dinger längst schon rot waren. »Wir sind noooordisch, nooordisch by Nature« grölten ein paar Hamburger, die sich Fettes Brot nannten. Christian schrieb damals alle F-Worte mit ph – Fettes Brot hätten deshalb eigentlich Phettes Brot heißen müssen.

Immer mehr Hip-Hopper trieben sich nun in unserem Viertel herum. Manchmal konnte ich sie in der Wohnung kreischen hören: »Eeeeyyy, voll phett, Alder.« Wenn ich auf dem Balkon saß, stieg mir der herb-süßliche Geruch ihrer »Sport-Zigaretten« in die Nase. Irgendwann wurde Christian mitten in der Nacht von einem Streifenwagen zu Hause abgeliefert, nicht wegen seiner Vorliebe für Joints, sondern weil er versucht hatte, ein Graffiti-Künstler zu werden. Mit einer Spraydose in der Hand hatte man ihn in einem S-Bahn-Depot erwischt. Aber, wie rappten die Absoluten Beginner damals so treffend: »Ein Fuchs muss tun, was ein Fuchs tun muss.«

Gegen Ende der Neunziger waren die Szene-Boutiquen voll mit extra weit geschnittenen Klamotten, auf denen unübersehbare Logos prangten: Fubu, Mecca, Nike, und wie immer die Marken hießen, hatten eine Armee von Jungs gewonnen, die auch noch dafür bezahlten, dass sie als wandelnde Litfaßsäule durch die Straßen ziehen durften. Deutsch-Rap lief nun auch im Radio und die Stücke wurden immer doofer, weil nun auch die Produzenten von Schlager und Dance auf die Idee kamen, sich mit Hip-Hop ein Zubrot zu verdienen.

Neulich hab' ich Christian mal wieder im Treppenhaus getroffen. Er trug ein paar ausgelatschte »Chucks« von Converse, eine Lederjacke und ein T-Shirt mit der Aufschrift »The Strokes«. »Was ist denn mit dir los?«, hab' ich ihn gefragt. Er wurde ganz niedlich rot, als er antwortete: »Ach, eigentlich war ich schon immer Punk. Das mit dem Hip-Hop war nur so eine Phase, ist ja auch nur noch Kommerz, die Scheiße«. Ich schluckte kurz, ging weiter und denke nun ernsthaft über eine Schallisolierung nach. Noch so eine Sturm-und-Drang-Phase halte ich nicht aus. Echt nich, Alder.

Sag's poppiger: Die unterhaltsamsten Literaten der Neunziger

Nick Hornby

... weil er in High Fidelity zu der späten Einsicht kommt: Man kann einen Menschen nicht nach der Qualität seiner Plattensammlung beurteilen.

Douglas Coupland

... weil er nichts dafür kann, dass sein Buch Generation X einer Jugendbewegung ihren Namen gab. Und weil man sich danach auf den 30. Geburtstag freut.

Simone Borowiak

... weil die ehemalige Titanic-Mitarbeiterin mit Frau Rettich, die Czerni und ich den lustigsten Urlaubsroman der Welt geschrieben hat.

Benjamin von Stuckrad-Barre

... weil er für Harald Schmidt prima Witze geschrieben hat und weil in Soloalbum so viel über die Szene gelästert und geklatscht wurde wie in keinem anderen deutschen Roman.

Sybille Berg

... weil die Autorin selbst zwar sehr schlank ist, ihre Bücher und Reportagen aber prall voll mit witzigen Formulierungen und eigenwilligen Sichtweisen.

Irvine Welsh

... weil er mit Trainspotting versucht hat, die Ehre der Junkies wiederherzustellen, und die meisten Leser sagen, es sei ihm gelungen.

Elke Naters

... weil sie Königinnen so cool und einfühlsam geschrieben hat und sich in Thailand ebenso gut auskennt wie in der Produktpalette von Prada.

Bret Easton Ellis

... weil Glamorama das mit Abstand böseste Buch über die Modebranche ist und zeigt, wohin es führt, wenn nur noch die Oberfläche zählt.

Rainald Goetz

... weil Rave das beste literarische Werk über Techno war und weil sein Internet-Tagebuch Abfall für alle vielen Menschen aus dem Herzen sprach.

Christian Kracht

... weil Faserland der Klassiker der deutschen Popliteratur ist und weil der Autor in kurzen Hosen früher immer aussah, als käme er direkt aus einem deutschen Heimatfilm der Fünfziger.

Keine Atempause, Party wird gemacht!

Neben dem Türsteher, dem Barmixer und dem Mädchen an der Garderobe gehörte der DJ von jeher zum festen Team eines Clubs. Der eine mixte Drinks, der andere legte Platten auf. Das war Dienstleistung und garantiert keine Kunst – zumindest bis Ende der Achtziger. Damals liefen den Abend über noch bunt durcheinander gewürfelte Rock-, Funk-, Hip-Hop- und Pop-Stücke. Und selbst in hippen Läden kamen immer ein paar Deppen zum DJ-Pult und wünschten sich »irgendwas von den Stones«.

In den Neunzigern, im Zuge der wachsenden House-, Techno- und Hip-Hop-Szenen, wurde der DJ plötzlich zum Popstar. Zumindest stand das in allen Magazinen und die meisten Plattenleger benahmen sich auch so: eitle Diven, die vom Veranstalter Drogen, Champagner und Mädchen forderten: »Sonst bin ich nicht in Stimmung.« Einer dieser Typen – er nannte sich »Super DJ Dimitry« und gehörte früher einmal zur Popband Deee-Lite – bekam kurz vorm Auflegen plötzlich Lust auf LSD. Also erklärte er dem völlig verdatterten Clubbetreiber, er werde erst anfangen, wenn man ihm die Droge beschafft habe. Nach viel gutem Zureden stand der eingebildete New Yorker dann gegen vier Uhr früh endlich am Plattenspieler, mehr oder weniger nüchtern. Viele Gäste, die extra wegen ihm gekommen waren, lagen da vermutlich schon in ihren Betten. Da war der DJ Sven Väth aus anderem Holz geschnitzt: Bis zu zwölf Stunden stand er, teilweise mit Sauerstoffmaske, an den Plattenspielern des »Omen«, während die Gäste reihenweise umkippten, wegen der schlechten Luft oder aus anderen Gründen. Manchmal wurden die Bewusstlosen über die Köpfe der Clubber nach draußen gereicht. Mit trockenen Klamotten kam da keiner raus.

Doch je populärer Techno, Hip-Hop und die anderen Clubmusiken der Neunziger wurden, umso mehr Trittbrettfahrer tauchten auf: vom »Omen« zum Ballermann, von Jeff Mills und Westbam zu DJ Bobo und DJ Ötzi.

Inzwischen gibt es glücklicherweise wieder einen Trend zum kleinen feinen Club-Event, wo die Musik zählt und nicht nur der »Abgeh-Faktor«. Die Tendenz zur Diversifikation hat eindeutig ihre guten Seiten.

Natürlich konnte man das Thema auch viel theoretischer sehen, so wie Ulf Poschardt, der 1995 seine Doktorarbeit zum Thema als *DJCulture* bei Rogner & Bernhard veröffentlichte. Ein lesenswertes Buch, auch wenn man sich manchmal schon fragt, ob das nicht ein Quäntchen zu viel ist an intellektuellem Überbau, Schlagworten wie Dekonstruktivismus und Zitaten von Hegel bis Foucault. Schließlich musste selbst Dr. Poschardt zugeben: »DJs neigen zu wortfaulem Autismus. Damit sind sie ein gefügiges Objekt für jeden Wissenschaftler und Theoretiker, der sich ihnen nähert.«

Trotzdem fühlte sich damals jeder zweite musikbegeisterte Jungmann als DJ, Plattentaschen waren nicht umsonst ein begehrtes Modeaccessoire und limitierte Dance-Maxis wurden eine komplizierte Wissenschaft. Und trotzdem: Es gab sie tatsächlich, die ungeheuren Glücksmomente auf dem Dancefloor, Augenblicke, in denen nichts so wichtig war wie »You, the Night and the Music«, wie es in einem alten Song von Julie London heißt. Dafür nochmals vielen Dank.

E-MAIL

Sie haben Post!

Die beste Erfindung, seit es Buchstaben gibt! Ohne E-Mail wäre vieles nicht möglich gewesen – und Ihnen einiges erspart geblieben. Zum Beispiel das hier:

--- Ursprüngliche Nachricht ---
Von: Birgit Hamm
Gesendet am: Dienstag, 30. Juni 1998 15.41
An: Linda Snow
Betreff: AW: Flughafenbetankungsanlagen

habe eben kuchen gegessen. 3 (kleine) stücke. ausstand der praktikantin. wenn ich so weitermache, wird jürgen eine

kleine dicke heiraten müssen. einen kleinen, dicken butterball im weissen glänzekleidchen. hmmm, lecker. was mach ich mir gedanken um meine figur – ich hab ja jetzt einen. mit brief und siegel, hehe. kann gemütlich aus dem leim gehen. noch ein stück himbeertorte? aber gern!
von fern grüßt noch konfektionsgröße 38 – am horizont winkt schon die 46. aber es gibt ja die big-beauty-abteilung bei meinem lieblingsdesigner H(ochzeitstorte) & M(armorkuchen).

dicke dumme damen dürfen das!
fette frauen f... fantastisch
korpulente körper können köstlich kochen
beleibte birgits bleiben beliebt
mollige mädchen machen männern mächtig mumm

——— Ursprüngliche Nachricht———
Von: Linda Snow
Gesendet am: Dienstag, 30. Juni 1998 15.53
An: Birgit Hamm
Betreff: AW: Flughafenbetankungsanlagen

fette frauen f... fantastisch
äähhhh... futtern? fallen? fangen? feixen? fensterln? fesseln? fummeln? fegen? feiern? faxen? fußballern? fressen?

wie auch immer, keinen schimmer,
benutze keine bösen worte,
esse lieber hochzeitstorte.
du bist ja ein ganz schlimmer finger!

hah. diesen reim-rhythmus soll mir mal einer nachmachen. ich hab das gedicht praktisch neu erfunden!

——— Ursprüngliche Nachricht———

Von: Birgit Hamm

Gesendet am: Dienstag, 30. Juni 1998 16.07

An: Linda Snow

Betreff: AW: Flughafenbetankungsanlagen

wenn fette frauen fantastisch FLIEGEN
kommt der verkehr schnell zum erliegen
die können sich so doll verbiegen
dass sie sich nicht mehr gerade kriegen!

——— Ursprüngliche Nachricht———

Von: Linda Snow

Gesendet am: Dienstag, 30. Juni 1998 16.29

An: Birgit Hamm

Betreff: AW: Flughafenbetankungsanlagen

klar FLIEGEN die, die Fraun,
musst nur mal aus dem Fenster schaun.
huch – da fliegt grad eine fette,
runde, kleine und sehr nette.
ich sag: komm doch zu mir herein
wir wolln zusammen tafeln fein
ich habe kuchen und auch eis.
darauf sie: was soll der scheiß?
ich ess nur käse und karotten
ja, so hat jeder seine marotten.
sie fliegt über die dächer weg
zurück bleibt nur – ein butterfleck

--- Ursprüngliche Nachricht---

Von: Birgit Hamm

Gesendet am: Dienstag, 30. Juni 1998 17.46

An: Linda Snow

Betreff: AW: Flughafenbetankungsanlagen

am horizont sieht man die frauen
erwartungsvoll gen himmel schauen
ein lauer südwind weht von westen
wettermäßig stehts zum Besten

die handtäschlein fest in der hand
die schirmchen sauber aufgespannt
erheben sie sich in die lüfte
vermischen sich die parfümdüfte

sie schweben hoch, den wolken gleich
und fühln sich wie im himmelreich
dicke, dünne, große, kleine
ein himmel voller damenbeine

hui, rufen sie, und horrido
das fliegen macht uns frauen froh
da drüben schrammt ne große dicke
beinahe eine kleine brücke
bei dem versuch, sie zu durchfliegen
(du weißt, die können sich verbiegen!)

hoch über hamburg schwebt ne lange
über einer autoschlange
zu linda, nach barmbek, ist ihr ziel
weil sie kuchen essen will
sie hat gehört, es gäb auch eis,
ob das wohl stimmt? wer weiß, wer weiß

das täschlein fest in ihrer linken
nicht ohne noch einmal zu winken

setzt sie zum landeanflug an
damit sie schön was naschen kann

dies sieht eine fette kleine
bremst sogleich mit beide beine
und landet auch, vor hunger krank
in barmbek, auf lindas fensterbank

das haben andre mitgekriegt
die sind dann auch gleich hingefliegt
und linda sieht vom fenster drinnen
hundert fesche fliegerinnen

wird linda die fliegenden weiber von barmbek hereinbitten und ihnen kaffee und kuchen servieren? wird sie von ihnen die kunst des fliegens erlernen, oder wird sie das fenster schließen, das rollo runterlassen und den ganzen kuchen und auch das eis ganz alleine essen – während die fliegerinnen mit ihren handtäschchen zornig gegen die scheibe klopfen?

Fortsetzung folgt!

EURO-ASIATISCHE KÜCHE

East meets West

In der gehobenen Szenegastronomie verbreitete sich der Euro-Asia-Boom wie ein Fritteusenbrand und bescherte uns völlig neue, überraschende Genüsse: Spaghetti mit Schwarze-Bohnen-Sauce, Tomatensalat mit Sesamöl, Spargelcremesuppe mit Koriandergrün, Ochsenschwanzragout in chinesischer Pflaumensauce oder Ingwer-Crème-Brulée – alles schmeckte zumindest aufregend, vieles köstlich.

Auch ich experimentierte am heimischen Herd fleißig west-östlich. Freestyle und bisweilen mit äußerst zweifelhaftem Ergebnis.

Oder was halten Sie von der Idee, Kartoffelknödel mit Pfifferlingen in Sesam-Curry-Sauce zu servieren? Uergs. Um weitere kulinarische Desaster zu vermeiden, kaufte ich mir das Kochbuch *West-östlicher Küchenzauber* von Ken Hom. Der Kalifornier chinesischer Abstammung galt als der Guru der euro-asiatischen Küchenjünger. Er war der Erste, der in seiner kalifornischen Fusion-Küche fernöstliche Aromen mit europäischen Zutaten verband.

Früher galten diese Zusammenstellungen als absolut unvereinbar. Dann dachte man, die kulinarische Offenbarung entdeckt zu haben: Nie mehr wollte man einfach irgendetwas Landestypisches essen – überall musste noch ein bisschen Ingwer oder Koriandergrün dran. Momentan ist es etwas still geworden um die euro-asiatische Küche. Vielleicht, weil es mittlerweile so viele Möglichkeiten gibt, sehr gut asiatisch essen zu gehen oder selbst zu kochen. Oder weil wir es wieder etwas puristischer bevorzugen. Wenn schon – das Rezept für Hoisin-Schnitzel ist so einfach, schnell und lecker, dass es gar nicht aus der Mode kommen kann.

Hoisin-Schnitzel

4 Portionen. Zubereitungszeit: circa 15 Minuten

Zutaten:

4 Putenschnitzel
3 EL Hoisin-Sauce (Asia-Laden)
½ TL Sichuanpfeffer (Asia-Laden)
½ TL Cayennepfeffer
½ TL gemahlener Kreuzkümmel
1 TL Meersalz

Zubereitung:

Die Hoisin-Sauce mit den Gewürzen verrühren, die Schnitzel damit bestreichen und 10 Minuten ziehen lassen. Unter dem vorgeheizten Grill von jeder Seite – je nach Dicke der Schnitzel – circa 5 Minuten grillen. Sofort servieren.

FAHRRADKURIERE

Krächzen auf Rädern

Sie tragen Shorts auch bei eisigen Temperaturen und sind schnell wie der Wind. Wenn sie an dir vorbeisausen, siehst du einen Farbstreifen, aus dem es rauscht und quäkt wie bei einem Telefonat ins Weltall. Das ist das Funkgerät, das jeder Fahrradkurier umgeschnallt hat. Schon immer war mir rätselhaft, wie auch nur einer von ihnen dieses elende Gekrächze versteht und tatsächlich an der richtigen Adresse ankommt. Hut ab, meine Herrn! Wer diesen Job macht, braucht nicht nur gute Ohren, er muss wahrscheinlich ein besessener Fitnessfreak sein, der sein Hobby nebenbei zum Geldverdienen nutzt. Das merkt man schon daran, wie sie in den Büros, Redaktionen und Agenturen ankommen: den signalfarbenen Plastik-Rucksack mit der großen Telefonnummer lässig auf dem Rücken, die Stirn nur leicht von Schweiß benetzt, kein bisschen außer Puste.

Seit sich – übrigens auch bei den Produzenten von Cola-Werbespots – herumgesprochen hat, dass die Frauen gern ihre athletischen Körper in den hautengen Trikots bewundern, bleiben sie gerne ein paar Sekunden länger. Und beim Hinausgehen schwenken sie ihre Kehrseite wie »Na Mädels, ist das ein geiler Knackarsch, oder was?« Aber dass sie in ihren alarmierend bunten Klamotten und komischen Helmen aussehen wie große, giftige, knackärschige Insekten, das hat sich noch nicht über Kurierfunk herumgesprochen. Roger, over und aus.

Die aufregendsten Männer der Neunziger

Bruce Willis

Wenn er mal wieder in einem schmutzigen, halb zerrissenen Unterhemd, das ihm verschwitzt am beeindruckend muskulösen Oberkörper klebt, die Welt rettet, möchte man ihm am liebsten zurufen: »Schatz, kannst du bitte hinterher noch den Keller aufräumen?« Ein Mann für das schäbige, kleine Motel hinter Joe's Diner.

Johnny Depp
Nicht nur als Don Juan de Marco war er der romantischste Verführer der Neunziger. Meist steckte er in Kostümen, die das Verträumte, Melancholische noch unterstrichen. Ein Mann für eine Ruderpartie im Schlossgraben.

George Clooney
Als Dr. Doug Ross in der Serie Emergency Room machte er eine ausgesprochen gute Figur. In dieser Notaufnahme möchte man sich gerne mal verarzten lassen. Ein Mann für gewisse Stunden.

Brad Pitt
Als süßer, blonder Toy-Boy hatte Pitt auch schon was. Aber dass er sich innerhalb eines Jahrzehnts zum echten Klasseschauspiel entwickelt hat, das macht ihn wirklich sexy. Ein Mann für Thelma und Louise.

Marc Wahlberg
Der Mann, der Marky Mark war, signalisierte uns aus jedem Leuchtkasten an jeder Bushaltestelle, nur mit einer Calvin-Klein-Unterhose bekleidet: »allzeit bereit«. Ein Mann zum Angeben im Schwimmbad.

Jarvis Cocker
Der Pulp-Sänger sieht wirklich nicht besonders aus: dürres Bleic gesicht mit Kassenbrille – aber seine Stimme ist ja soooo sexy. Ein Mann für heißes Telefongeflüster.

Mike Myers
Er ist klein, fett, hat schlechte Zähne und mehr Brusthaare als ein Gorilla, aber hey, wenn Austin Powers halbnackig im Sixties-Styl tanzt, bleibt kein Auge trocken. Oh behave! Ein Mann mit der Lizenz zum Vögeln.

John Travolta
In jungen Jahren zwar gertenschlank, aber eher uninteressant – doch dann kam Pulp Fiction! Und mit ihm ein speckiger, schmieriger Travolta mit so viel Sex-Appeal, dass selbst Uma Thurman kaum widerstehen konnte. Ein Mann zum Lambada-Tanzen.

Richard Ashcroft
Natürlich kann man sich fragen, was wirklich hinter der riesigen Sonnenbrille, dem lässigen Schlendergang und den coolen Klamotten steckt. Aber wollen wir den Kaiser wirklich ohne Kleider sehen? Ein Mann für den exquisiten Shopping-Bummel.

Moritz Bleibtreu
Sein schläfriger Sex-Appeal kam erst auf den zweiten Blick. Aber wenn er dann die Mundwinkel von einem Ohr zum anderen spannte, dann bubberte so manches Herz ein bisschen schneller. Ein Mann für eine ausgiebige Partie Minigolf.

FENG SHUI

Da fließt das Chi zum Fenster raus

Als wir 1996 in unser neues Büro zogen, stellten meine Zimmerkollegin und ich unsere Schreibtische direkt ans Fenster. Unser Ressortleiter kam herein und rief sofort: »Absolut schlechtes Feng Shui! So könnt ihr die Tische auf keinen Fall stehen lassen. Wer mit dem Gesicht zum Fenster sitzt, ist schon halb draußen aus der Firma!« Das war wahrscheinlich Quatsch. Aber vielleicht auch nicht. Also stellten wir alles wieder um.

Das nächste Mal hörte ich den Begriff Feng Shui von einem Freund. Er hatte einen Fernsehbericht über das Leben in Hongkong gesehen und war ganz begeistert: »Kein Chinese würde in ein Haus mit der Nummer 4 ziehen – das hat schlechtes Feng Shui! Und damit der Drache vom Berg aus freien Blick aufs Meer hat, bauen die sogar Gucklöcher in die Hochhäuser – das gibt gutes Feng Shui! Das hat alles mit Energie zu tun, mit Chi!« Aha. So genau verstand ich das damals nicht, aber interessant war es schon.

Kurz darauf besuchte ich eine alte Bekannte und war erstaunt über ihren Geschmackswandel in punkto Einrichtung. Gut, wir hatten uns eine Weile nicht gesehen, aber ich erinnerte mich noch genau, dass ihre Wohnung immer absolut kitschfreie Zone war – im Gegensatz zu meiner mit allerhand Floh- und Türkenmarktkrempel vollgestellten Bude. Jetzt standen leise vor sich hin murmelnde Zimmerspringbrunnen in diversen Ecken, vor der Balkontür nervten federgeschmückte Windspiele mit ihrem Geklingel, über dem Schreibtisch prangte ein von innen beleuchtetes, animiertes Wasserfallbild und im Schlafzimmer hatte sie ein monströses Porzellanteil aufgestellt – zwei ineinander verschlungene Delfine. Als ich zur Toilette ging, rief sie mir nach: »Mach aber bitte den Deckel wieder runter, sonst geht zu viel Energie verloren!«

Inga hatte einen Feng-Shui-Berater engagiert. »Der hat die Wohnung total umgekrempelt. War nicht ganz billig, hat sich aber gelohnt. Seither geht's mir super! Das liegt daran, dass das Chi, die Lebensenergie, wieder frei fließen kann. Im Job läuft alles bestens, habe gerade eine Gehaltserhöhung bekommen: Brunnen, kleine Teiche und

Wasserfallsymbole bringen nämlich Erfolg und Geld ins Haus. Aber das Beste: Seit ich das Delfinpärchen in der Partnerecke aufgestellt habe, verstehen Peter und ich uns wunderbar – und im Bett ist es einfach un-glaub-lich!« Hoppla, so genau wollte ich es nun wirklich nicht wissen. Soweit ich mich erinnere, waren Peter und Inga schon immer das schnarchigste Pärchen, das ich kenne. Mit langweiligen, aber sicheren Jobs, unspektakulären, aber festen Ansichten und drögem, aber kuscheligem Sexleben. Und jetzt erzählt sie mir etwas von lodernder Begierde und brennenden Betten. Lächerlich!

Wir tranken noch ein paar Tässchen grünen Tee. Dann ging ich nach Hause. Ich stellte ein paar Springbrunnen auf und nagelte ein Delfinposter an die Wand über dem Bett. So. Ich warte.

FIT FOR FUN

Schwitz' es aus!

Früher hielt ich Fitness-Studios für Vorhöfe der Hölle: eitle und dumme Menschen, eingespannt in Maschinen, die an sadistische Folterwerkzeuge erinnern. Einmal sah ich, wie sich 20 Erwachsene schwitzend und völlig willenlos am Boden wälzten und mit ihren Hintern seltsame Bewegungen vollführten. Ein vor Kraft und guter Laune strotzender Trainer fragte dabei mit boshaftem Unterton: »Na, tut's schon weh?« Niemals, schwor ich mir damals, NIEMALS werde ich mir das antun.

Doch ob ich wollte oder nicht: Die Neunziger waren das Jahrzehnt des lustvoll geschundenen und überstrapazierten Körpers: Nicht nur in Frauenzeitschriften, auch in neu gegründeten Blättern wie *Fit For Fun* wurde auf Hochglanzpapier präsentiert, was möglich ist, wenn man nur will: Proportionen, wie von Männerfantasien modelliert; der eigene Körper als Statussymbol.

Als Kind war ich im Schwimmverein, da hatte Sport noch etwas kollektives, verbindendes, auch weil wir alle zusammen hinterher noch eine Runde Wasserball spielten. In den Neunzigern dagegen suchten viele die physische Grenzerfahrung als Einzelkämpfer: Triathlon, Freeclimbing oder Bungee-Jumping. Es war, als wollten wir uns unserer Selbst versichern: Nein, ich bin kein Computerspiel, keine Benutzeroberfläche – mein Körper ist zu etwas nutze, ich bin real! Im Beruf konnte man außerdem mit einem durchtrainierten Körper jugendliche Leistungsfähigkeit und Belastbarkeit demonstrieren. Selbst männliche Topmanager und Spitzenpolitiker ernten seit einigen Jahren Spott, wenn sie glauben, es genüge, den prallen Bauch unter einem flotten Anzug zu verstecken.

Irgendwann hielt auch ich den Druck nicht mehr aus. Nein, ich habe mich nicht an einem Gummiseil hängend vom Hamburger Fernsehturm gestürzt. Aber ich bin seit einiger Zeit Mitglied in einem Fitness-Club. In den besseren Etablissements hat man inzwischen gelernt: Ein gut geölter Maschinenpark und ein paar stets zu Flirts aufgelegte Trainer sind zu wenig. Sicher, oft wird alter Wein in neuen Schläuchen ausgeschenkt. Aerobic versteckt sich jetzt häufig hinter Namen wie A.E.R.oBallett oder Latinisimo. Andererseits gibt es immer mehr ganzheitliche Angebote wie die tolle Neuentdeckung NIA – ein Mix aus Yoga, Tai Chi, Tanz- und Kampfsport. Doch das Wichtigste: Man sollte das alles nicht so ernst und verbissen nehmen. Sobald sich ein Trainer aufführt wie ein Drill-Sergeant auf dem Kasernenhof, bin ich weg.

FLYER

Alles so schön bunt hier

Manchmal habe ich wirklich eine etwas lange Leitung: Wir standen in einer hippen, aber optisch etwas heruntergekommenen Disco, als mich ein Typ fragte, ob er mir »etwas« geben dürfe. Hm ... »etwas geben?« Einen Moment lang war ich verunsichert. Mit seinen wilden Locken und den abgerissenen Klamotten sah der Bursche aus wie jemand, der in seinem Schlafzimmer die fiesesten Designerdrogen zusammenmixt. Doch bevor ich »ähm, ach lass mal« sagen konnte, hatte er mir schon einen Fetzen Papier in die Hand gedrückt und war im Gewühl verschwunden. Selbst im schummerigen Discolicht strahlte der kleine Zettel, den er hinterlassen hatte, in den kräftigsten Farben: »Brückenkopf im Niemandsland« stand groß darauf. Und etwas kleiner: »Strictly Private, Einlass nur mit Einladung«. Es war ein Flyer, die Einladung zu einer Party.

In den späten Achtzigern und frühen Neunzigern fanden Techno- und House-Veranstaltungen oft an illegalen Orten statt: halb fertige Hochhäuser, leer stehende Fabrikhallen, unterirdische Kellergewölbe oder wie in diesem Fall das Innere einer Rheinbrücke. Solche Underground-Partys konnte man natürlich nicht über Stadtzeitschriften und Plakate publik machen. Also entwarfen die Veranstalter, die fast immer mitten aus der Szene kamen, ihre eigenen, limitierten Einladungen: Da gab es die in grellen Farben und surrealen Motiven gehaltenen Zeichnungen des Berliner Malers Jim Avignon oder die am Computer generierte fluffige Techno-Kunst des Frankfurter Grafikers Klaus Mai. Hip-Hop-Veranstaltungen wurden in der Regel mit schwer lesbaren Graffiti-Schriften beworben. Die Qualität der Flyer, ihre Innovationskraft und Anmutung, entschieden oft über Erfolg und Misserfolg einer Party oder Veranstaltung. Nachtaktive Menschen erkannten schon an der grafischen Gestaltung, ob es sich um Top oder Flop handelte. Flyer mit kitschigen Motiven wie Delfinen und bemühten 3-D-Anmutungen bewarben meist Trance-Partys. Eine düstere *Blade-Runner*-Ästhetik garantierte harten Techno oder Drum'n'Bass. Schon bald kopierten auch die ganz normalen Clubs diese frische Art der Werbung.

Heute gibt es zu jeder Jeansladen-Eröffnung einen quietschbunten Flyer und selbst die ödesten Vorstadt-Discos bewerben ihre »Remember-Ibiza-Partys« auf hässlichen Handzetteln. Wieder einmal wurde der kreative Ausdruck einer lebendigen Subkultur vom Mainstream geschluckt. Sicher, das ist eigentlich immer so gewesen. Doch gerade die Flyer sind mir so ans Herz gewachsen, dass ich diese Mini-Kunstwerke eine Zeit lang gesammelt habe. Wenn heute jemand zu mir kommt und mich fragt, ob er mir etwas geben dürfe, sage ich meistens: »Zisch bloß ab!«

FRISUREN

Zopf oder Kahl

Die Neunziger waren nicht das Jahrzehnt, in dem es sich lohnte, einen schicken Friseursalon zu eröffnen. Die aufwendigen Strähnchen- und Föhnfrisuren der Achtziger hatten wir lange genug spazieren getragen. Nun mochten wir unsere Haare lieber naturbelassen und dezenter gestylt. Da gab es bei Männern eher einen Trend zur Selbstdarstellung via Frisur – man trug mal wieder lang. Wie eitle Pferdchen stolzierten einige herum: schüttelten ab und zu ein wenig die Mähne oder banden sich publikumswirksam einen Zopf. Sie selber dachten, das sähe leidenschaftlich, wild und sexy aus. Ich dagegen wartete nur darauf, dass diese Jungs auch noch anfingen zu wiehern und einen Eimer Hafer bestellten. Außerdem fiel mir auf, dass in vielen Action-Filmen dümmlich-brutale Verbrecher meist von Pferdeschwanzträgern gespielt wurden.

Weniger eitel, ja sogar ein wenig asketisch wirkten die Anhänger des zweiten männlichen Frisurentrends der Neunziger: die Kahlköpfe. Damit meine ich nicht die Springerstiefel und Bomberjacken tragenden Skinheads – die sind kein Modephänomen, sondern ein gesellschaftliches Problem. Ich rede von all den Hip-Hoppern, Techno-Fans, aber auch Jungintellektuellen, die sich mit einer Haarlänge von zwei bis fünf Millimetern gefielen. Das wirkte modern, angesagt minimalistisch und folgte der neuen, strengen Ästhetik, die sich am Funktionalen orientierte. Hatte aber auch etwas Sprödes. Wer sich zwischen den beiden Extremen nicht entscheiden konnte, wählte den Hunnen-Schnitt à la Sven Väth: oben lang und zum Zopf gebändigt, an den Seiten und hinten kahl rasiert. Doch was im Einzelfall originell ist und möglicherweise sogar Ausdruck einer starken Persönlichkeit, verkommt in Massen zum Albtraum, den in diesem Fall überwiegend Technokids aus der tiefsten Provinz vorführten. In den Neunzigern war das »hip sein« eben so wichtig, dass jeder Dorftrottel mitmachen wollte.

Für Frauen gab es zwei große Vorbilder: Uma Thurman und Heike Makatsch. Thurmans Auftritt in *Pulp Fiction*, führte zu einem Revival der langen glatten Haare mit ultrakurzem Pony über der

Stirn. Je nach Person sah das entweder cool und avantgardistisch aus – oder abgrundtief peinlich. Das Heike-Makatsch-Girlie-Zöpfchen war da wesentlich eindeutiger: Wenn sich Frauen über Zwanzig als Schulhof-Lolitas verkleiden, sieht das immer und in jedem Fall bescheuert aus.

Glücklicherweise kam in den Neunzigern auch die Fashion-Regel in Mode, die bis heute gilt: Anything goes. Leider übersetzten das viele als »Alles egal«. Das ist dann aber ein Fall für das Kapitel »Prollkultur«.

GEN-FOOD

Der kleine Horrorladen

Während einer USA-Reise kaufte ich mir einen Schokoriegel namens »Butterfinger« und biss herzhaft hinein. Meine Freundin schlug mir den Riegel aus der Hand und schrie wie eine Furie: »Bist du wahnsinnig? Der ist doch mit Gen-Mais gemacht!« Angeekelt spuckte ich aus und hatte tagelang alle Arten von eingebildeten Krankheiten: Woher kommt plötzlich dieser blaue Fleck am Oberarm? Ich hab' so ein taubes Gefühl auf der Zunge! Mir ist irgendwie ganz komisch ...

»Novel-Food«, »Techno-Food« oder »gen-veredelte Lebensmittel« – das waren die verharmlosenden Bezeichnungen, mit denen man uns Anfang der Neunziger die Produkte aus den Labors schmackhaft machen wollte. Die Forschungen steckten noch in den Kinderschuhen, Klonschaf Dolly war noch nicht geboren, das menschliche Genom noch lange nicht entschlüsselt. Die Genforscher stellte ich mir vor wie lauter kleine Dr. Frankensteins, die in ihren Horrorkabinett-Labors wie besessen versuchen, Gott zu spielen. Ihre ersten Gehversuche: Bohnen und Kartoffeln, die ein Skorpion-Gen enthalten, um sich so gegen Schädlinge zu schützen, Tomaten, die nach drei Wochen im Regal noch so frisch aussehen wie am ersten Tag, eine Turbo-Kuh mit Riesen-Euter, die 25 Prozent mehr Milch gibt, und Fische, die mit Hilfe eines menschlichen Gens schneller wachsen. Einfach widerlich! Kein Wunder, dass wir das nicht haben wollten. Doch serviert wurde es uns trotzdem – durch die Hintertür. Natürlich gab es Proteste, man verlangte eine Kennzeichnungspflicht für Gen-Lebensmittel und Verbraucherschützer warnten vor unabsehbaren Langzeitfolgen für Gesundheit und Umwelt.

Weiss ich, wie viele genveränderte Nahrungsmittel ich letzte Woche gegessen habe? Selbstverständlich nicht. Es steht ja nirgends drauf. Früher regte sich heftiger Widerstand, waren die Zeitungen voll von warnenden Meldungen. Und heute? Haben wir uns daran gewöhnt, dass es fast nur noch genmanipulierte Sojaprodukte zu kaufen gibt, dass viele Käsesorten mit gentechnisch hergestelltem Lab in zwei Tagen so schnell reifen wie sonst erst in sechs Wochen? Dass aus Darmbakterien Süßstoff hergestellt wird? Zwar ist der »Butterfinger« bei uns bisher nicht auf dem Markt. Aber ich glaube, im Großen und Ganzen ist die Sache gegessen. Leider. Ob uns das schmeckt oder nicht – uns fragt ja keiner.

GETROCKNETE TOMATEN

Angriff der Runzeltomaten

Herr Ober, was machen diese rotbraunen Schrumpeldinger auf meinem Vorspeisenteller? Aha, getrocknete Tomaten sind das. Interessant. Nie zuvor gesehen. Das sollte sich ändern. Zäh in der Konsistenz, intensiv süßsäuerlich im Geschmack und durch und durch ölgetränkt, eroberten die dehydrierten Nachtschattengewächse die Antipasti-Vitrinen und Partybuffets. Alle Welt war begeistert von den runzligen Gesellen – endlich einmal etwas ganz Neues. Und so gesund! In hundert Gramm stecken angeblich so viele Vitamine und Mineralstoffe wie in kiloweise frischen Tomaten. Der Legende nach werden sie von süditalienischen Bauern zum Trocknen auf die Hausdächer gelegt – ich sehe sie direkt vor mir, Tausende von kleinen, sonnenbeschienenen Häuschen mit Tomatenziegeln; wie im Schlaraffenland. Wahrscheinlicher werden sie heute in riesigen industriellen Trocknungsanlagen gedörrt, das ist zwar nicht so romantisch, ändert aber sonst nicht viel. Am besten schmecken sie mir als konzentrierte, kalte Spaghettisauce, die »Rotes Pesto« oder auch »Winterpesto« genannt wird.

Rotes Pesto

4 Portionen. Zubereitungszeit: circa 20 Minuten

Zutaten:

60 g Pinienkerne
2 mittelgroße Knoblauchzehen
1–2 frische kleine rote Chilischoten
200 g getrocknete Tomaten in Öl
100 ml Wasser
1 EL Tomatenmark

Zubereitung:

Pinienkerne in einer Pfanne ohne Öl bei mittlerer Hitze unter Wenden goldbraun rösten. Anschließend in der Küchenmaschine fein mahlen. Knoblauchzehen pellen und grob würfeln. Chilischoten längs aufschlitzen, die Kerne entfernen und das Fruchtfleisch sehr fein würfeln. Tomaten in einem Sieb abtropfen lassen, dabei das Öl auffangen. Die Tomaten, die Pinienkerne, Knoblauch und Chiliwürfel in der Küchenmaschine zerkleinern. Wasser und abgetropftes Öl von den Tomaten sowie das Tomatenmark dazugeben, alles zu einer Paste vermengen und mit Spaghetti und geriebenem Parmesan servieren.

GIRLIES

Weil ich ’n Mädchen bin

Was haben Push-up-BHs, bauchfreie rosa T-Shirts in XXS, Minirock, Schmollmund und niedliche Spangen im Haar mit Feminismus zu tun? Sehr viel. Das jedenfalls wollten uns die Girlies weismachen. Nicht, dass sich jemals eine von ihnen als »Girlie« bezeichnet hätte – der Begriff wurde 1994 von der Presse erfunden –, doch es gab sie tatsächlich. Diese Lollipop-Feministinnen setzten voll auf Weiblichkeit, wenn es darum ging, den Männern zu zeigen, was eine starke Frau ist. Frech, kokett und sexy waren sie, und sie streckten ganz oft die Zunge raus. Eine Göre namens Lucilectric trällerte »Weil ich 'n Mä-hä-häd-chen bin« und landete damit einen Riesenhit. Vorzeige-Girlie Heike Makatsch machte beim Musiksender Viva lustige Interviews und war überhaupt ganz furchtbar niedlich, kulleräugig und zum Knutschen.

Die neue feministische Botschaft der Girlies hörte sich zunächst nicht schlecht an: Wir sind selbstbewusst und unabhängig, wir haben Spaß und wir nehmen uns, was wir wollen, wann wir wollen. Und wir wickeln die Jungs um den Finger, wie es uns gefällt. Klar, dass die sich erwartungsvoll die Lippen leckten: abenteuerlustige, freche, sexy Girls? Für diese Art von Frauen-Power haben viele Männer was übrig.

Leider oft nur kurzfristig, wie meine Freundin Anja erfahren musste – auch sie »natürlich kein Girlie«: Mit ein oder zwei Mädels unterwegs, immer gut drauf, immer fesch angezogen, machten sie die Bars und Clubs der Stadt unsicher. Sie kannten die Türsteher und die Barkeeper, bekamen oft Drinks ausgegeben, durften mit hinter dem DJ-Pult stehen und waren fast so etwas wie kleine Stars. Das Programm: an die Bar, gucken, wer alles da ist, den neuesten Szene-Klatsch austauschen, rumgiggeln, Caipirinha trinken, tanzen und irgendwann angeschickert nach Hause eiern. Nicht selten mit einem der zahlreichen Verehrer – man brauchte praktisch nur zuzugreifen. Die One-Night-Stands machten Spaß, so lange keine tieferen Gefühle im Spiel waren. Aber wehe, wenn Anja sich verknallte – was öfter passierte, als ihr lieb war. Dann lief plötzlich alles schief. Es war wie verhext: sobald sie sich nicht mehr so cool gab, sondern ihre Gefühle offen zeigte, machte »er« garantiert einen Rückzieher. Einziger Ausweg aus dem Dilemma: immer obenauf sein, stets unerreichbar bleiben, grundsätzlich die Stärkere mimen, auch wenn einem gar nicht danach zumute ist. So bleibt der Reiz und die vermeintliche »Macht« über den Mann ziemlich lange erhalten. Das kostet viel Energie, weil man ja ständig seine wahren Bedürfnisse verleugnen muss. Es funktioniert erschreckend oft, führt aber natürlich nie, nie, nie zu einer partnerschaftlichen Beziehung, in der man auch mal schwach sein darf, ohne gleich Dominanzgebärden oder Desinteresse hervorzurufen. Und so saß Anja wieder mal auf meinem Sofa, bei Gummibärchen und Cola light die Männer verfluchend.

Auch im Job war der »Süß-und-frech«-Bonus schnell verspielt. Okay, vielleicht hatte man bessere Chancen, eingestellt zu werden. Aber wenn es um die Karriere ging, mussten viele staunend mit ansehen, wie die Männer an ihnen vorbeizogen. Klar gibt es heute mehr Frauen in Führungspositionen, aber das liegt sicher nicht daran, dass sie beim Einstellungsgespräch ein bauchfreies Top trugen und die Namen sämtlicher DJs herunterleiern konnten. Damit wird man höchstens Mädchen für alles in einer Model-Booking-Agentur, Tresenfrau in einer Szenebar oder, mit Glück, Moderatorin bei einem lokalen Privatfernsehsender. Mal ehrlich: mit Sex-Appeal und Frechheit allein ist kein Feminismus zu machen. Es ist lediglich eine private Form der Lebensgestaltung – und zwar eine mit klarem Verfallsdatum.

Unter dem Namen »Riot-Grrrls« hatte sich Anfang der Neunziger in den USA eine neue Form des Feminismus formiert. Ihre Galionsfiguren waren die Musikerinnen Courtney Love und Kathleen Hannah. Sie trugen durchsichtige Blümchenkleider zu schweren Springerstiefeln und waren total tough. In ihren Texten und mit ihrem rebellischen Auftreten machten sie klar, dass sie sich von den Männern nichts gefallen lassen. Und das taten sie zumindest eine Weile so überzeugend, dass man sagen kann: Sie haben Alice Schwarzer in die Sprache der Neunziger übertragen.

Das Girlie-Phänomen war bei uns nur ein lauwarmer Aufguss, durch die Medien hochgepuscht und kurz darauf in sich zusammengefallen wie ein Soufflé bei Durchzug. Und das ist gut so. Bewegt haben die Girlies nämlich nichts, außer ihren Hintern auf der Tanzfläche. Trotzdem: Was früher Heike Makatsch für die Girlies verkörperte, könnte die Viva-Moderatorin Charlotte Roche heute sein: Ikone einer neuen, weiterentwickelten Art von Girlpower, die nicht so kaltschnäuzig und naiv daherkommt wie zu Girlie-Zeiten, sondern warmherziger, intelligenter und echter. Und dabei mindestens genau so frech.

Modetrends der Neunziger

Jeans-Revival
Billigjeans galten nichts. Edelstes Denim musste es sein, am besten aus Japan. Zum Beispiel von Evisu – deren Jeans sahen nicht nur aus, als seien sie für James Dean nachgeschneidert, sie waren auch aus dem Original-Jeansstoff Denim. Und kosteten mindestens 300 Mark pro Hose.

Lingerie-Look
Romantische Blümchenkleider, zart und transparent wie Unterwäsche, wurden gerne mit klobigen Stiefeln kombiniert – z.B. von Courtney Love.

Mode als Kunst
Früher war Mode solides Kunsthandwerk: sitzt, passt, wackelt und hat Luft. Doch in den Neunzigern verfielen Modemacher plötzlich dem Glauben, ihre Arbeit sei Kunst. Für Rei Kawakubo (Comme des Garçons), Hussein Chalayan oder Martin Margiela mag das vielleicht zutreffen – über den Rest sollte man im Kunstkontext besser schweigen.

Cargo-Pants
Mode muss nicht unbedingt schön sein – manchmal setzt sich das Praktische durch. Cargo-Pants mit ihren vielen Taschen und Klettverschlüssen waren nicht nur praktisch, sondern wegen ihrer endlosen Weiten auch herrlich bequem.

Zigarettenhosen
Machten jeder Frau eine gute Figur und gehörten deshalb zu den Alltags-Favoriten im Kleiderschrank. Gerne in der Kombi mit Logo-T-Shirt, um die etwas nichtssagende Geradlinigkeit aufzulockern.

Girlie-Look
Röckchen, Schühchen, Hemdchen, Spängchen in allen Bonbonfarben dieser Welt. Schön kurz, schön eng und so süß, dass es quietschte.

Neue Kunstfasern
Was haben Bratpfannen und Hosen gemeinsam? Teflon. Das Material fühlt sich angenehm auf der Haut an, ist Schmutz abweisend und trocknet schnell. Richtig durchgesetzt hat sich Sport- und Unterwäsche aus Microfaser: ist sehr leicht und fein, und absorbiert Schweiß besser als Baumwolle.

Schuhe der Neunziger

Stiefeletten – für den smarten Business-Auftritt
Mules – für die kokette Party-Performance
Wallabees – für den lässigen City-Look
Timberland Boots – für die zünftige Bergwanderung
Buffalo-Boots – zum doof in der Disco Rumstehen
Turnschuhe – für die Extraportion Hipness (aber nur, wenn man die Richtigen anhatte)

Helmut Lang

Der cool aussehende Österreicher sorgte in den Neunzigern mit seinen strengen, sehr urban und minimalistisch wirkenden Kreationen international für Aufregung. Mittlerweile wurde aus dem Szene-Designer eine globale Marke – mit Jeans, Unterwäsche, Parfums und einem Flagship-Store in Manhattan.

Calvin-Klein-Unterhosen

Das wichtigste Mitbringsel von jedem New-York-Besuch. Der Streifen mit dem Calvin-Klein-Schriftzug musste unbedingt aus der an der Hüfte baumelnden Cargo-Pant rausgucken. Calvin Klein brachte auch eine Damenwäsche-Kollektion heraus, die sich allerdings kaum durchsetzte – auch Frauen trugen lieber die Männerunterhosen mit dem Schriftzug.

Adidas-Trainingsjacken

Gehen der Legende nach auf die Hamburger Band Tocotronic zurück – andere behaupten, Grandmaster Flash oder Ex-Bundestrainer Helmut Schön hätten den Trend in die Welt gesetzt. Ist doch Jacke wie Hose.

Camouflage-Look

Für urbane »Ghetto-Krieger«, die tough sein und es sich dabei bequem machen wollten. Hier gab's die weitesten Cargo-Pants, die schwersten Stiefel und meistens steckten auch die grimmigsten Typen in diesen betont maskulinen Outfits.

Modeverbrechen der Neunziger

Badeschlappen

Die legendäre Adilette machte den Anfang, kurz darauf ging es in sommerlichen Szenelokalen zu wie in einem Vorstadt-Imbiss.

Röcke über Hosen

Ausdruck kollektiver Entscheidungsschwäche oder einfach Umsetzung der alten Weisheit »Doppelt gemoppelt hält besser«?

Anglerhüte
Wurden vom Ibiza-Strand selbst an den letzten Bocholter Baggersee geschwemmt. Darunter steckte selten ein toller Hecht.

Dicke-kleine-Buben-Look
Im Baumarkt, auf dem Rockfestival oder im Gebrauchtwagencenter – der Samstag gehörte Männern, die ungefähr so aussahen: Dreiviertelhosen, an den Füßen weiße Socken und Turnschuhe, die auch als Bergstiefel durchgegangen wären; gerne auch am Unterschenkel noch in merkwürdigen Runen tätowiert. So sah das ultimative Hackklötzchen der Neunziger aus.

Mit riesigen Designer-Logos übersäte Klamotten
»Guten Tag, Herr Hilfiger, wo haben Sie denn diesen schönen Pullover mit Ihrem Namen drauf gekauft? Ach, Sie heißen Müller? Wie jetzt?«

Falsch herum getragene Hosen
Zwei minderjährige Hip-Hop-Buben namens »Kriss Kross« haben's vorgemacht. Gott sei Dank war dieser Trend so kurzlebig, dass sich heute kaum noch jemand daran erinnert.

Sackige Öko-Klamotten aus Hanf
Auch das haben wir in den Neunzigern gelernt: Keine Pflanze ist wie der Hanf. Geschenk der Götter, Gabe der Engel – und was man alles draus machen konnte: Bier, Schoko, Waschmittel – und Klamotten, die aussahen wie die Kartoffelsäcke beim Gemüsehändler. Nur in bunt.

Im Nacken hängende Sonnenbrillen
Meist lauerten sie in irgendeinem Straßencafé und guckten: solariumgebräunte, oft kahlrasierte Türsteher-Typen und Billig-Techno-Produzenten, die ihre Frauen-Abschlepp-Bilanz durch einen total bekloppten »Trick« aufzupäppeln versuchten: Sonnenbrille in den Nacken hängen. Erfolgsquote: Null. Hoffentlich.

Bandannas
Das sind bunt gemusterte Kopftücher für Männer, die von ihren Trägern – vor allem die Typen »Möchtegern-Macho« und »Mofa-Rocker« – gern auch als »Piratentücher« bezeichnet wurden. In der Realität sah das leider ganz anders aus. Ein treffendes Beispiel: In der Frankfurter »In-Disco« Dorian Gray fragte ein Träger eines solchen Tuchs seinen Begleiter, nachdem er abgewiesen wurde: »Du, warum hat der Türsteher mich gefragt, ob ich vom Hilton komme?« Der Mann wurde dann aufgeklärt. Der Doorman hatte nämlich gefragt: »Kommst du vom Melken?«

Plateauschuhe
Es ist sicher nicht schön, sehr klein zu sein. Aber muss man sich das antun?

Es macht Spaß, ein Loser zu sein

Jörg war nicht nur nett, er war ein »ganz Lieber«. Das beschreibt ihn vermutlich am besten, auch wenn es sich etwas herablassend anhört, so wie ältere Damen ihren Hund vorstellen: »Mei, der Wastl, der is' ja ein ganz ein Lieber, der will immer nur spielen.« Spielen wollte auch Jörg, am liebsten in einer Band, mit Verstärkern und Boxen, so groß wie ein Kleiderschrank. Sein Vorbild war Kurt Cobain, der Sänger der Grunge-Helden Nirvana. Dass er nicht in Seattle zu Hause war, sondern in Offenbach, störte Jörg wenig. Aufmerksam studierte er die Kleinanzeigen in den Stadt- und Musikmagazinen, in denen Gitarristen gesucht wurden. Doch meist traute er sich nicht anzurufen. »Die machen wahrscheinlich eh nur Hardrock, oder Heavy Metal«, tröstete er sich. Auch wenn sich Grunge so ähnlich anhörte – für Typen wie Jörg gab es einen Riesen-Unterschied zwischen den verschiedenen Formen harter und lauter Musik. Metal-Fans waren meist raue, ziemlich prollige Rocker. Grunge-Fans, man nannte sie auch »Slacker«, waren dagegen eher introvertierte und antriebslose Gesellen.

Weil Jörg von einer Karriere als Musiker träumte, lehnte er es ab, einem geregelten Job nachzugehen. Um die Miete seiner kleinen Wohnung bezahlen zu können, arbeitete er für einen Hungerlohn halbtags in der Druckerei seines Bruders. Dort glaubte er kreativ zu sein, wenn er Aufkleber für befreundete Bands entwarf. »Ich hab einfach keine Lust auf diese ganze Scheiße«, schnaubte er, wenn ich ihn mal wieder auf seine desolate Lebenssituation ansprach – immerhin ging der Kurt Cobain aus Offenbach stramm auf die 30 zu. Wenn er kein Argument mehr zu entgegnen wusste, schob Jörg gern die rechte Hand unter sein offenes Holzfällerhemd, um sich verlegen in der Achselhöhle zu kratzen. Ich fand das etwas unappetitlich. Dabei war er intelligent, kreativ und witzig. Doch er verweigerte sich. Gegenüber der Gesellschaft, der »beschissenen Mainstream-Mucke« – und gegenüber den Frauen. Denn wer so schüchtern ist wie Jörg, dazu in völlig zerrissenen Jeans und Flohmarkt-Klamotten herumläuft und potenzielle Freundinnen beim ersten Date in einen bluttriefenden Horrorfilm einlädt, der hat leider wirklich ein Problem.

In Deutschland war Grunge eher Männersache. In den USA dagegen gab es Bands wie L7, Babes in Toyland oder Bikini Kill, die so genannten Riot-Grrrls. Der Star dieser Neo-Feministinnen war Courtney Love, die Sängerin von Hole und Frau von Kurt Cobain. Damals beschimpfte die schöne Courtney von der Bühne herab die Männer und griff sich gerne mal unter den Rock. Heute sieht man sie eher in der Bunten, wenn sie auf Hollywood-Partys mit ihren Freundinnen Madge und Gwynnie neue Gucci- und Versace-Kleider ausführt. Auch eine Karriere.

Jörg dagegen war glamourresistent. Als er tatsächlich eine Band fand, die ihn als Gitarristen aufnahm, schien für eine Weile alles gut zu werden. Er war freundlich und lieb wie nie zuvor. Doch nach einem guten Jahr – Kurt Cobain hatte sich inzwischen mit einer Schrotflinte erschossen – traf ich Jörg in einer Kneipe. Seine Band hatte sich aufgelöst und er selber sah noch blasser aus als sonst. Sein Ideal, außerhalb der Gesellschaft glücklich zu werden, wollte er jedoch noch immer nicht aufgeben: »Weißt du«, sagte er, »ich arbeite zurzeit als Aushilfe an der Bar in einem Sado-Maso-Club, das ist echt ganz lustig.« Träum' ruhig weiter, Jörg. Aber wäre es nicht schön, wenn sich Traum und Realität einmal treffen, irgendwie, irgendwo, irgendwann? Heute ist der ach so authentische Grunge ebenso vergessen wie die Slacker, die ihn liebten. Das beim Verfassen dieses Buches aktuelle Rock-Modell heißt Punk-Revival und ist so echt wie eine Plastiklederjacke.

GUCCI, PRADA & CO.

Eine Hose ist eine Hose ist eine ...

Im angloamerikanischen Sprachgebrauch gibt es einen Begriff, der nennt sich »guilty pleasure«. Also ein Vergnügen, das einem ein schlechtes Gewissen bereitet. Mein »guilty pleasure« waren eine Zeit lang Designer-Klamotten. Diese Schwäche teilte ich in der zweiten Hälfte der Neunziger mit vielen jüngeren Menschen, die durch die New Economy plötzlich ein bisschen mehr Geld flüssig hatten, als sie bisher gewöhnt waren. Wir saßen die ganze Woche über bis spät in die Nacht vor flimmernden Computerbildschirmen, dafür wollten wir uns am Wochenende oft so richtig schön belohnen.

Es ist schwierig, ein irrationales Bedürfnis rational zu erklären, aber oft dachte ich schon im Laden an den Auftritt, den ich in diesem super Outfit hinlegen würde. Heute gehe ich bevorzugt zu H&M und kaufe dort zehn Teile zum Preis eines Designer-Rocks. Doch damals haben Stil-Bibeln wie *Vogue, The Face* und *i-D* Mode zur Kunst erklärt und avantgardistische Designer wie Hussein Chalayan als Genies verehrt. Chalayan konnte ich mir nun wirklich nicht leisten – und ehrlich gesagt gefiel es mir auch überhaupt nicht, doch mit einer Bluse von Dries van Noten fühlte ich mich tatsächlich eine Zeit lang absolut einzigartig und besser angezogen als die anderen. Armani, Gucci und Versace waren mir schon immer zu angeberisch, kein Interesse. Nur bei Prada, da habe ich ganz gern mal rein geschaut.

Glücklicherweise ist das eher selten passiert. Doch an ein ganz bestimmtes Mal kann ich mich noch erinnern: Da pochte mein Herz ganz aufgeregt und auf meiner linken Schulter saß plötzlich ein kleiner Teufel, der sagte: »Hölle, sind die Schuhe toll. Musst du haben, sofort. Morgen sind sie nicht mehr in deiner Größe vorrätig. Schlag zu! Jetzt!« Sofort mischte sich ein Engel ein, der auf meiner anderen Schulter hockte: »Sei doch nicht dumm«, säuselte er freundlich. »Dein Dispo ist fast am Limit, du wirst die nächste Miete nicht zahlen können.« Ich war hin und her gerissen: Soll ich? Das wäre Wahnsinn! Oder? Nächste Woche müsste doch eigentlich noch eine Überweisung kommen ... »Möchten Sie die Schuhe einmal anprobieren?« Die Stimme des Verkäufers riss mich aus meinen strategischen Überlegungen. Ja, warum eigentlich nicht. Nur anprobieren. Vielleicht stehen sie mir ja gar nicht. Tun sie aber. Mist! Etwas unsicher stakste ich durch den Laden. »Darf ich Ihnen was zu Trinken anbieten?« Bloß nicht, dachte ich, dann hat er mich, dann kaufe ich die Schuhe schon allein aus Höflichkeit. Andererseits schreibt Elke Naters ja in ihrem Buch *Königinnen,* dass, wenn man gute Schuhe trägt, alles andere auch gleich aussieht, als wäre es von Helmut Lang. Und bequem sind die Dinger auch noch. Endlich mal ein paar hohe Schuhe, auf denen man richtig gut laufen kann. »Na, nicht doch einen ganz kleinen Schluck?«, meldete sich der nette Verkäufer noch mal. Och ... ja ... warum eigentlich nicht. Fast zärtlich starrte ich auf das Paar Stiefeletten in meiner Hand.

Als ich ein paar Minuten später aus dem Laden kam, fühle ich mich, als wäre ich aus einem Traum erwacht. Sofort bereute ich den Kauf. Umtauschen? Kam natürlich auch nicht in Frage. Dafür waren die Schuhe zu schick. Irgendwie habe ich es dann trotzdem geschafft, meine Miete zu bezahlen. Aber wenn ich an solche Aktionen zurückdenke, komme ich mir heute sehr viel reifer vor.

HANDY

Hallo, hallo? Wer spricht? Was machst du?

Fragt mich nicht warum, aber ich war eine der Ersten, die sich ein Handy angeschafft haben. Jedenfalls aus meinem Umfeld. Und ich musste viel Häme dafür einstecken, damals, Mitte der Neunziger. Denn ein Handy, das war doch die Domäne von schmalzlockigen Halbwelttypen und anderen Wichtigtuern. »Du hast es wohl nötig, ständig erreichbar zu sein«, »Wozu brauchst du den Scheiß?« und »Also, ich finde Handys ja völlig überflüssig – die werden sich nie durchsetzen!«, waren noch die nettesten Kommentare. Mein Handy war ungefähr so groß wie ein Ziegelstein, hatte eine ausziehbare Antenne und kannte nur einen einzigen Klingelton, nämlich »Dideldüdel-dutt«. Um es samt seiner Lederimitat-Schutzhülle mit mir herumzuschleppen, musste ich mir eine größere Handtasche anschaffen. Eine andere Möglichkeit wäre natürlich gewesen, es am Gürtel festzuschnallen, am besten zusammen mit einem riesigen Schlüsselbund.

Mein Handy klingelte selten. Sehr selten. Denn niemand war es gewohnt, jemanden auf dem Handy anzurufen. Und ich telefonierte auch selten mit meinem Handy, denn das war furchtbar teuer. Ich trug es einfach bei mir und ab und zu lud ich es auf.

Eines Tages gingen in unserer kleinen Redaktion am Rande des großen Flusses die Lichter aus. Stromausfall total: Schreibtischlampen, Computer, Telefone – alles tot. Eine Schrecksekunde lang war es still. Unheimlich still. Dann brach kollektives Haareraufen aus unter den Kollegen: Dringende Anrufe, von denen ganze Storys abhingen, konnten nicht getätigt werden, ja, es war nicht mal möglich, die Störungsstelle anzurufen, um den Ausfall zu melden.

Irgendwann sagte einer mit brüchiger Stimme: »Äääh, sag mal, Birgit, du hast doch ein Handy, oder?« Ich holte den Ziegelstein aus der Tasche und legte ihn auf den Konferenztisch. »Wie funktioniert das denn? Zeig doch mal. Huch. Hilfe! Echt? Hähä. Ist ja super! Hallohallo?« Tja, Leute, was soll ich sagen: ich und mein Handy. Wir haben in diesem Moment zwar nicht die Welt gerettet, aber: immerhin. Und als sei es ein Grippevirus, verbreitete sich das Handytum fortan in Windeseile. Auf der Straße, im Restaurant, im Auto, in lauschiger Natur und in der Disco – überall wurde auf einmal mobil gequasselt, was das Zeug hält. Und wenn der Akku nicht leer ist, dann quatschen sie noch heute.

iMAC

Die kunterbunte Denkmaschine

Computer waren hässlich! Hässlich! Hässlich! Große, graue Kästen, die laut brummend unter dem Schreibtisch lauerten, während oben flimmernde Monitore die Augen der Benutzer nicht nur beleidigten, sondern auch nachhaltig schädigten. Design war ein Fremdwort in der PC-Branche und die einzige farbliche Alternative zu aschgrau hieß damals spermaweiß. Die Anschaffung eines Computers konnte selbst das lässigste Wohnzimmer augenblicklich in eine technokratische Amtsstube verwandeln. Gummibaum dazu. Per-fekt.

Im Sommer 1998 wurde das mit einem Schlag anders. Damals kam in Deutschland der iMac auf den Markt. Ein putziger kleiner Computer-Freund in einem weich geschwungenen, teils durchsichtigen, teils türkisfarbenen Gehäuse. Der iMac konnte nicht wesentlich mehr als andere Computer auch, doch er hatte einen großen Vorteil: Er sah nicht aus wie eine Büromaschine, sondern wie ein edles Designobjekt. Eine coole Metapher dafür, dass das Computer- und Online-Zeitalter nun auch in unseren Wohnzimmern angekommen war. Endlich wollten wir auch zu Hause surfen, E-Mails verschicken,

Homepages einrichten – Spaß haben. Der iMac war wie wir: jung, lässig, gut aussehend.

Als der Hersteller Apple MacIntosh einige Monate später den Preis senkte und die Farbpalette um Himbeerrot und Apfelgrün erweiterte, wurde der iMac endgültig zum Renner. Der kleine David Apple schrieb seit langem wieder schwarze Zahlen und ließ den übermächtigen Goliath Microsoft eine Zeit lang ziemlich aschgrau aussehen. Oder war es spermaweiß?

KASSETTEN-JUNGS

»I put a spell on you«

In den Neunzigern ging eine Ära zu Ende: die Ära der Kassetten-Jungs. Heute werden CDs gebrannt – und das ist einfach nicht dasselbe. Kassetten-Jungs waren romantisch veranlagte, zarte Burschen, sehr musikinteressiert und allgemein eher künstlerisch-verblasen als bodenständig. Sehr sympathisch, also. Wenn sie sich verliebten, schwang immer ein Hauch Melancholie mit – ganz große Gefühle eben. Und während andere das Subjekt ihrer Begierde ins Kino oder zum Essen einluden, warfen sie ihrer Angebeteten eine Mix-Kassette in den Briefkasten. Liebevollst zusammengestellt, natürlich, jeder Titel ein Wink oder ein Flehen, sogar die Reihenfolge eine versteckte Andeutung: »Heat Wave« von Marylin Monroe direkt vor »My Biggest Thrill« von den Mighty Lemon Drops, dann Francoise Hardys »Le Temps de l'Amour« und zum Schluss »I put a spell on you« von Screaming Jay Hawkins. Eine selbst gebastelte Hülle, ebenfalls bedeutungsschwanger, aber aus Coolness-Gründen eher witzig verbrämt oder 3-D-technomäßig angehaucht, vollendete das Kleinkunstwerk. Zeig mir die Frau, die von dieser originellen Liebesbotschaft nicht gerührt ist.

Wurden seine musikalischen Gebete erhört, war der Kassetten-Junge überglücklich. Und zeigte das auch – indem er laufend neue Tapes aufnahm. Den ganzen Tag wühlte er in seiner beachtlichen Vinyl-Sammlung, um noch originellere, noch ausgefeiltere Stücke für das Mädchen seines Herzens zusammenzustellen. Er war wirklich süß – und so sensibel. Und wie viel Ahnung er von Musik hatte: beeindruckend. Viel mehr konnte man mit dem Kassetten-Jungen allerdings nicht anfangen. Höchstens mal auf ein Konzert gehen. Wenn er nicht gerade Tapes aufnahm oder über Bands dozierte, spielte er dir vielleicht selbst erdachte Stücke auf seiner Gitarre vor – nur für dich. Was dir früher geschmeichelt hatte, begann dich tödlich zu langweilen. Denn du hattest erkannt: Der Typ ist ein totaler Nerd. Und nicht nur das. Er interessierte sich auch nicht die Bohne für dich. Oder hatte er in letzter Zeit wenigstens einmal gefragt, wie es dir geht oder was du über eine bestimmte Sache denkst? Nö. Er stellte dich auf ein Podest und spielte dir was vor. Und du fingst langsam an, Staub anzusetzen.

Einer Unterredung zur Klärung der Lage entzog sich der Kassetten-Junge, indem er mit vorgeschobener Unterlippe abzog.

Am nächsten Tag lag ein Tape im Briefkasten. Erstes Stück: »When Love Goes Wrong« von Marylin Monroe, nächstes: »Cry me a River« von Julie London. Dann: »Mein Freund hat mit mir Schluss gemacht« von den Lassie Singers und die letzten paarundzwanzig Minuten gehörten »The End« von den Doors. Immerhin konsequent.

15 Platten, die Musikgeschichte schrieben

Nirvana: Nevermind (1991)

Schon wegen »Smells Like Teen Spirit« ein Klassiker, keiner jammerte so schön wie Kurt Cobain.

Massive Attack: Blue Lines (1991)

Schwere Rhythmen und tiefe Gefühle, nie war traurig sein so angenehm.

Björk: Debut (1991)

Die größte Zicke der Popmusik hat den besten Riecher, was neue Trends angeht, schon auf ihrem Debut.

Oasis: (What's The Story) Morning Glory? (1995)

Keiner rüpelte so schön wie die Gebrüder Gallagher und tolle Songs schrieben sie auch noch.

Portishead: Dummy (1994)
Sie singt, er macht Musik, nach diesem Prinzip funktionierten fast alle TripHop-Platten, doch so gut wie Portishead klangen nur wenige.

Kruder & Dorfmeister: DJ-Kicks (1997)
Findet sich inzwischen in fast jedem Haushalt. Easy-Listening im Zeitalter der DJs.

Daft Punk: Homework (1996)
Nach dieser Platte schwärmten alle nur noch von einem Phänomen namens »French House«.

Air: Moon Safari (1998)
So leicht und fluffig wie diese Platte klingt, kam für die beiden Pariser wirklich nur ein Bandname in Frage: Air.

Missy Elliot: Supa Dupa Fly (1997)
Sie ist dick, klein und nicht besonders hübsch, aber ihre geniale Mischung aus Hip-Hop und R&B machte Missy Elliot zum Star.

Pulp: A Different Class (1995)
Britpop für denkende Menschen; Sänger Jarvis Cocker (das Sexsymbol der denkenden Frau) spielt wirklich in einer eigenen Klasse.

Blumfeld: L'Etat et moi (1994)
Die Texte der Hamburger Band sind Literaturpreis-verdächtig: die Stimme einer Generation.

Primal Scream: Screamadelia (1991)
Meine Güte, klangen die bekifft, aber dabei waren sie immer auch irgendwie ziemlich sexy.

Beck: Odelay (1996)
Für diese abwechslungsreiche Platte bekam der eigenwillige Trash-Folksänger gleich zwei Grammys.

Aphex Twin: Selected Ambient Works II (1994)
Immer mal wieder als Techno-Genie bezeichnet, zeigt Aphex Twin, alias Richard James, hier seine ruhige, sanfte Seite.

Beastie Boys: Check Your Head (1992)
Die Tick, Trick und Track des Hip-Hop: frech, laut und niemals langweilig.

Höflichkeit ist eine Zier ...

Irgendwann in den letzten Zügen des 20. Jahrhunderts kam bei den deutschen Dienstleistern die Freundlichkeit ins Spiel. Es hatte zuvor viele Klagen gegeben über die »Servicewüste Deutschland«. Vor allem USA-erfahrene Zeitgenossen maulten über das rüpelhafte Benehmen hierzulande. Und es war ja auch nicht besonders nett, bei der Telefonauskunft mit einem pampigen »Auskunft, Platz 13!« begrüßt zu werden. Vor allem, wenn sich der anschließende Dialog etwa so entwickelt: »Hotel zum Eber? Gibt's keins in Schweinsbach!« – »Doch, ich bin mir aber ganz sicher! Bitte sehen Sie noch einmal nach!« – »Ich hab schon geguckt, es gibt keins!« Patsch. Aufgelegt.

Dann kam die große Schulungswelle, in der offenbar alle im Telefon-Servicebereich Tätigen praktisch über Nacht die gleichen Standardsätze eingetrichtert bekamen. Egal, wo ich anrief, überall wurde ich auf einmal ach so freundlich begrüßt. Etwas hölzern kamen diese angelernten Floskeln noch rüber, aber das würde sich bestimmt bessern. Dachte ich anfangs. Doch bald schon war ich das zwangsverordnete Höflichkeitsgesülze leid, denn, so flach wie es war, nahm es dennoch ungeahnte Dimensionen an: Wenn sich am anderen Ende der Leitung jemand enthusiastisch mit »Steuerberatungsgesellschaft Karl-Erich Kolitschke und Konsorten, mein Name ist Stefanie Vassiliadis-Hübbelsbrügge, einen schönen guten Tag, was kann ich für Sie tun?« meldet, vergesse ich sofort, wie ich heiße und was ich wollte. »Steuerbüro, guten Tag!« wäre mir nett genug gewesen, der Rest versuppt nur das Hirn.

Es gibt freundliche und unfreundliche Zeitgenossen – letzteren kann man die Höflichkeit mit Löffeln einspeisen, den unwirschen Unterton wird man immer raushören. Das ist okay und auf jeden Fall angenehmer, als offen angefeindet zu werden. Wie im legendären Frankfurter »Strandcafé« vor langer Zeit: Da knallte mir einer den Milchkaffee hin, dass die Hälfte rausschlabberte, den Frühstücksteller genauso und blaffte: »Zehn achtzig!« – »Mann, du könntest aber echt mal ein kleines bisschen freundlicher sein«, bemerkte ich. Darauf er grimmig: »Da musst du in das Oma-Café schräg gegenüber gehen. Da werden sie fürs Grinsen bezahlt!« Auch eine Einstellung!

LATTE MACCHIATO

Wie, Sie hätten gern einen Kaffee?

Wenn ich am Sonntagmorgen in ein Frühstückscafé gehe, noch traumverloren und ziemlich entscheidungsschwach, geht der Stress schon los. Nicht nur, dass ich zwischen ungefähr 25 verschiedenen Frühstücksvariationen wählen muss. Das kriege ich noch irgendwie hin. Aber diese angeschwollene Kaffeeliste! Will ich nun Latte Macchiato, Café au lait, Espresso, Espresso macchiato, Espresso doppio mit oder ohne macchiato, Cappuccino, Frappuccino, Iced Mochachino, Mocca Latte, Melange, Cafè Crema oder Galao? Hilfe! Ist das jetzt Kaffeekultur oder wollen die mich verarschen? Und was, bitte schön, ist der Unterschied zwischen einem Latte Macchiato und einem Milchkaffee? Außer dass der Macchiato im Glas serviert wird? Und Galao ist ein Milchkaffee im Henkelglas, oder?

»Ich hätte gern einen Kaffee«, schwächele ich. »Welchen denn? Wir haben: Latte Macchiato, Cafè Crema, Cappu ...« Waaaaaah! »BRINGT MIR EINFACH EINEN KAFFEE oder-ich-werd-noch-wahnsinnig!« Die Spezialitätenschlürfer blicken eine Sekunde lang irritiert von ihrer Zeitungslektüre auf: tz, tz. Da kommt auch schon die Kellnerin zurück. »Ich hab Ihnen mal einen Milchkaffee im Glas gebracht. Der schmeckt Ihnen bestimmt. Nennt sich Latte Macchiato.« Na also, geht doch.

LAVA-LAMPEN

Die mit dem Blubb

Als die Achtziger vorüber waren, hatten wir eigentlich die Nase voll von zu heller Beleuchtung, von fies brummenden Neonröhren und ihrem grell zitternden Bonbonlicht. Doch was folgte, war leider kaum besser: winzig kleine, aber mörderisch effektive Halogenstrahler. An dünnen, völlig geschmacklosen Metall-Draht-Konstruktionen hängend, verstrahlten sie ein antiseptisches, fast weißes Licht. So wehte selbst durch die gemütlichsten Wohnungen und Cafés ein Hauch von Konferenzraum oder Krankenhaus: »Der Notfall-OP liegt gleich hinter dem Schlafzimmer ...« Scheußlich!

Die Wende zum Besseren kam 1993: Chill Out hieß der Trend der Stunde – gemütlich abhängen, ohne schlechtes Gewissen. Selbst in Techno-Clubs wurden plötzlich an bestimmten Tagen Sessel aufgestellt und überall Kissen und indische Tücher verteilt. Als ich dann auch noch im Embargo – einem Frankfurter Minikaufhaus für hippe Platten, schrille Clubwear und kitschigen Krimskrams – die ersten Lavalampen entdeckte, war ich schwer beeindruckt. Diese kegelförmigen Dinger sahen aus wie futuristische Reagenzgläser, in denen eine Art außerirdischer Embryo trieb, der permanent seine Form veränderte. Dabei gaben die Leuchtkegel ein schummeriges, angenehm farbiges Licht ab. Ein psychedelisches Aquarium für Techno-Raver – es gab Leute, die konnten dem sinnfreien Geblubber stundenlang zusehen. Im Embargo stand für solche Kandidaten eine fast mannshohe Variation in Raketenform. Guten Flug, Jungs!

Erfunden wurde die Lavalampe bereits 1964 und schon damals diente sie – meist auf dem Fernseher stehend – vor allem einem Zweck: Atmosphäre schaffen, eine angenehme Stimmung erzeugen. Das Prinzip war denkbar einfach: Im Sockel steckt eine 40-Watt-Birne, die ein Stück Wachs erhitzt, das im Glaskegel darüber in einer durchsichtigen Flüssigkeit schwimmt. Durch die Wärme schmilzt das Wachs, dehnt sich aus, beginnt zu fließen und zu tropfen. Und, wow!, schon sind alle Neon- und Halogenlampen dieser Welt vergessen. Die Firma Matmos durfte sich freuen: 1989 verkaufte der Lavalampen-Hersteller 10.000 Exemplare, 1998 waren es bereits 800.000. Als cool gelten diese Retro-Leuchten allerdings schon länger nicht mehr, in den meisten Wohnungen – auch in meiner – werden sie bestenfalls geduldet.

LOGO-PARODIEN

Ford heißt jetzt Fuck

Beim ersten Mal hab' ich noch gelacht. Da kam mir einer dieser schlumpfigen Techno-Typen entgegen, ein kleiner Kerl mit ewig weiten Hosen und einem viel zu großen T-Shirt. Auf dem Shirt stand »Fuck« in genau der gleichen Typografie und Farbe wie das Logo von Ford. »Witzig«, dachte ich, »wo er das wohl herhat?«

Beim zweiten Mal habe ich mich geärgert. Ich fuhr mit meinem R5 gemütlich durch ein Wohnviertel, als von links ein Fahrradfahrer in einem Mörder-Tempo aus einer Einfahrt hervorschoss, um dann – als wäre nichts gewesen – gemütlich vor mir her zu radeln. Auf seinem dunkelblauen T-Shirt stand: »Hash« – im Schriftzug des Waschmittels Dash. »Blöder Kiffer«, murmelte ich im Vorbeifahren.

Doch es kam noch schlimmer. Zwei Wochen später saßen wir vor einem Szene-Café in der Frankfurter Berger Straße – eine Art Laufsteg, inmitten eines angesagten Viertels voller Studenten und Freiberufler. Meine Freundin blätterte in einem dieser kostenlosen Partymagazine, die damals gerade in Mode kamen. Als sie das kleine Heftchen, es nannte sich Flyer, zuklappte, fiel mein Blick auf den Titel: Er kam mir sehr bekannt vor, denn er war tiefblau, mit einer weißen, geschwungenen Welle, doch statt »Nivea« stand da »Naiv«. Sollte das jetzt ewig so weitergehen? Fanta zu Manta? Aral zu Anal. Markenlogos, mit billigen Grafikprogrammen verfremdet, war das wirklich so brüllend komisch, dass man bei diesem Endlos-Witz nur die Namen austauschen musste? Der Flyer machte aus Logo-Parodien sogar ein Coverkonzept. Leute, die so etwas gut finden, sagen bestimmt auch »zum Bleistift« statt »zum Beispiel«.

Und während mir diese Gedanken durch den Kopf gingen, kam ein ziemlich fetter Kerl die Straße herunter. Natürlich hatte auch dieses Prachtexemplar von Mann ein verfremdetes Logo auf seinem Shirt. Es waren immer Männer, die so etwas trugen. Auf diesem Schmerbauch stand im unschuldigen Streifen-Design von Langnese »Leck mich«. Hätte mir in diesem Moment jemand die Frage gestellt, ob ich ein Straflager für lustige Logo-Shirt-Träger befürworte, ich hätte laut gerufen: Ja! Sperrt sie alle ein!

LOUNGE

Das kleine Glück zwischen Nacht und Tag

Wie haben wir das vorher überhaupt ausgehalten? Ausgehen ist eine wahnsinnig anstrengende Tätigkeit: Die Stakkato-Lichter und eine Lautstärke von durchschnittlich 90 Dezibel (das entspricht in etwa einem Presslufthammer) stressen unseren Körper enorm. Gewerkschaften, die Berufe mit sehr hoher Lautstärken-Entwicklung vertreten, haben nicht ohne Grund strenge Pausenvorschriften durchgesetzt. Bei 90 Dezibel muss man jede Stunde fünf Minuten Ohrenpause einlegen. Das war vermutlich einer der Gründe, die zum Revival einer alten, aber sehr guten Idee geführt haben: Die Lounge, eine Art Ruhezone für gestresste Nightlife-Abenteurer.

Meine erste Lounge erlebte ich auf einem Techno-Rave, damals hieß das noch Chill-Out-Lounge: ein eher kleiner, halbdunkler Raum, dekoriert mit ein paar indischen Tüchern, durchweht vom Geruch von Sandelholz und Patschuli. Man saß auf Kissen und Sperrmüll-Möbeln und lauschte den sphärischen Klängen von The Orb und KLF. Im Nachhinein betrachtet eine wenig aufregende Erfahrung. Als Mitte der Neunziger das Easy-Listening-Revival ausgerufen wurde, änderten die Lounges schlagartig ihr Aussehen. Man erinnerte sich plötzlich daran, dass es so etwas in den späten Fünfzigern und frühen Sechzigern schon einmal gab: in modernen Flughäfen, luxuriösen Hotels und weltgewandten Bars.

Seitdem sind Lounges mehr als Ruheräume für Raver oder Reisende. Inzwischen treffen sich hier Menschen, die schon etwas älter und abgeklärter sind und sich dem Nachtleben entspannt und ohne allzu große Glückserwartungen hingeben. Lounging hat etwas mit Erwachsenwerden zu tun – nicht umsonst sind es eher die Dreißigjährigen als die »Gerade-mal-Twens«, die man in der Berliner »Seven Lounge« oder der »808 Bar« trifft. Hier haben teure Innenarchitekten und Lichtdesigner für eine stilvolle Atmosphäre gesorgt, die zu sagen scheint: Du hast es dir verdient. Über das selbstverständlich exzellente Soundsystem laufen Thievery Corporation, Kruder & Dorfmeister oder ein alter Jazz-Klassiker aus Brasilien. Der Barmixer versteht sein

Handwerk und die cremefarbenen Ledersessel sind ja sooo bequem. Nein, das intensive Hardcore-Clubbing überlassen wir jetzt mal schön den Teenagern.

LOVE PARADE

Friede, Freude, Eierkuchen

»Und jetzt?« Mathias Roenigh, ein dürrer Kerl, den seine Freunde Dr. Motte nennen, blickte sich ratlos um. Gerade mal 150 Menschen waren seiner Einladung gefolgt und hatten sich auf dem Berliner Kurfürstendamm zur ersten Loveparade versammelt. Es sollte eigentlich ein großer, farbenprächtiger Umzug werden, so exotisch und mitreißend wie der Notting Hill Carnival in London. Immerhin: Von drei alten LKWs dröhnte laute Techno-Musik und trotz des leichten Regens schüttelten die ersten Tänzer ihre Köpfe und Arme im Rhythmus des Tschugg-Tschugg Fump-Fump. Als dann jemand im Tonfall eines politischen Agitators »Friede, Freude, Eierkuchen!« rief, mussten alle lachen und der seltsame Zug setzte sich endlich in Bewegung.

So ähnlich muss sich das im Sommer 1989 abgespielt haben. Zehn Jahre später hatte die Loveparade sagenhafte 1 $^{1}/_{2}$ Millionen Teilnehmer. Noch immer dröhnte aus den Boxen das minimalistische Tschugg-Tschugg Fump-Fump, noch immer tanzten dazu begeisterte Raver, als gäbe es kein Morgen. Doch aus der spielerischen Party-Demo war ein gigantischer Event geworden und die smarte Selbstdarstellung der großen Marken, Fernsehsender, ja sogar Parteien, hatte die Spontaneität der frühen Jahre verdrängt. Immer wieder gab es Streit ums Geld oder um die Auswahl der DJs, die an der Siegessäule auflegen durften. Anwohner des Bezirks Tiergarten gründeten sogar eine Bürgerinitiative gegen rücksichtslos urinierende Loveparade-Teilnehmer: »2000 Pipi-Sheriffs jagen Wild-Pinkler«, freute sich das Boulevardblatt *BZ*.

Im Jahr 2002 kamen nur noch 600.000 Raver zur Loveparade, viele davon aus Polen und Russland. Getanzt wurde nur noch unmittelbar um die 40 Musiktrucks. »Eine Parade verschwindet«, schrieb die Süddeutsche Zeitung. Aus Dr. Mottes Traum von einem mitreißenden Techno-Carnival wurde ein sommerlicher Abklatsch des Rosenmontagszugs.

MAZDA MX5

Oben ohne

»Kleine Frau in großem Auto: ziemlich sexy. Kleine Frau in kleinem Auto: absolut unsexy – es sei denn, es handelt sich um ein Sport-Cabrio!«, doziert meine Freundin Doris, die in allen Dingen genau Bescheid weiß. Wahrscheinlich hat sie recht. Nur, dass die hübschen Sportflitzer, MG oder Alfa zum Beispiel, entweder jenseits unserer Kreditlinie liegen oder dermaßen klapprig sind, dass man sich dazu einen Automechaniker halten muss. Wenn der brav in der Garage übernachten und ab und zu eine Tasse warmes Maschinenöl trinken würde, ginge das in Ordnung. Aber man kennt ja die Männer: haben sie an deinem Auto geschraubt, wollen sie meistens auch noch woanders rumschrauben. Oder sie wollen Geld. Viel Geld.

Also eierten wir weiter total unsexy in unserem Kleinwagen durch die Gegend – Doris in einem Peugeot 104, ich im Renault 5. Doch dann kam ER: glänzendes Outfit, hübsches Hinterteil, gut geschnittenes Gesicht, sportlich, dynamisch. Ein bisschen klein, aber er war ja auch Japaner – der niegelnagelneue Mazda MX5. Und das Beste: Er kostete vergleichsweise wenig. Auf dieses Sport-Cabrio hatten wir Frauen gewartet.

Doris hatte ihn als eine der Ersten, natürlich. Eines Morgens stand er vor ihrer Haustür, mit einer riesigen Schleife drumherum – Geschenk eines betuchten Verehrers. »Ich hab' mir eine Plastikblume an den Außenspiegel gemacht und bin sofort losgefahren. Geht ab wie Schmidts Katze, das Ding«, erzählte sie. »An der Ampel kam ein Typ auf mich zugestürzt und sagte: ›Sie sind nicht nur schön, Sie sind auch intelligent!‹ Wahnsinn, oder? Ich sag's ja!«

Daran muss ich immer denken, wenn ich eine kleine Frau in ihrem kleinen MX5 sehe. Und ich sehe viele. Sie fahren durch die Straßen, die Haare im Wind, jede von ihnen ein motorisiertes Versprechen von Freiheit und Sex-Appeal. Ob ich auch so ein Sportcabrio habe? Nein. Aber ich habe meinen R5 gegen einen ziemlich großen Schlitten eingetauscht. Kann kaum über das Lenkrad gucken. Ist doch auch ein bisschen sexy, oder? Das behauptet jedenfalls Doris.

Kauf mich! Dinge, die das Leben leichter und schöner machten

Heimelektronik-Boom
Dolby-Surround brachte das Kino ins Wohnzimmer, DVD-Player machten Video Konkurrenz, TV-Geräte im schicken Retro-Look mit Hightech-Innenleben verschönerten das Heim.

Last-Minute-Reisen
Weite Welt für Sparbrötchen – manchmal wusste man erst im Flugzeug, wohin die Reise geht.

Unisex-Düfte
Allen voran Calvin Kleins CK ONE – mit der genial-beklopptesten TV-Werbekampagne der Neunziger (»äääh, öööh, aaah, äh, haaaa, häääa?, öh, öh, äääh …«) for a man or a woman.

Reinigungs-Konzentrate
Plötzlich waren Spül-, Putz- und Waschmittelbehälter durch Wasser- und Füllstoff-Entzug nur noch halb so groß, der Inhalt sollte aber genauso lange halten. Umdosieren war angesagt.

Duft-Invasion
Nicht nur sauber sollte es sein, nein: Wäsche, Geschirr und Fußböden mussten jetzt auch noch gut riechen. Deshalb erfand man Weichspüler, Geschirrspüler und Bodenputzmittel, die nach exotischen Blüten, Bergfrühling, Meeresbrise, Vanille oder Orange dufteten.

Retro-Süßwaren
Legendäre Naschereien der Siebziger wie Brauner Bär, Pocket-Coffee und die Tele-Bar kamen wieder groß raus – meist sogar im Original-Verpackungsdesign.

Eiskalte Karrieren
Was Nogger für die Siebziger war, wurde Magnum für die Neunziger: einfach der absolute Eis-am-Stiel-Hit. Eiscreme gab's in so vielen neuen Sorten wie nie zuvor und sie wurde jetzt nicht mehr nur im Sommer vernascht, sondern auch in der kalten Jahreszeit.

Prosecco-Mania

Er prickelte so schön, die Flasche machte ordentlich was her, de Korken knallte (wenn man ihn denn endlich rausbekam) und er war ja sooo günstig. Kein Wunder, dass das italienische Schaum wein-Gesöff immer mit von der Party war. Meist zu süß und fast immer zu warm – egal. Hauptsache, Prosecco. Ehrensache, dass am nächsten Morgen der Kopf nicht mehr durch die Tür ging.

Auswaschbare Haartönungen

Endlich konnte man mal eine neue Haarfarbe ausprobieren, ohn Gefahr zu laufen, wochenlang wie ein Idiot auszusehen. Oder haarschädigend gleich wieder umzufärben. Die tollen neuen Tönungsschäume wuschen sich nämlich nach einigen Haarwäsche von selbst wieder heraus.

Pasta-Snacks

Die neuen Einportionstüten mit Soßenpulver, Trockengemüse und -nudeln schmeckten vielleicht nicht gerade wie beim (guten) Italiener, aber immerhin ganz manierlich. Unübertroffen als wärmende, schnelle Mini-Mahlzeit im Büro oder daheim vorm Fernseher.

MINERALWASSER-GOURMETS

Nicht ohne mein Evian

Es gibt nichts Einfacheres als einen Schluck kaltes, klares Wasser – sollte man meinen. In meiner Kindheit sprudelte das Wasser aus knubbeligen Flaschen. Es war so stark mit Kohlensäure versetzt, dass es sich im Mund wie ein Nadelkissen anfühlte und ich kaum mehr als einen winzigen Schluck herunterbekam. Meinen Durst habe ich dann lieber direkt am Wasserhahn gestillt. Als bekannt wurde, dass das Leitungswasser oft durch giftige Bleirohre fließt, habe ich auch darauf verzichtet.

Wasser trinken machte eigentlich erst seit den frühen Neunzigern richtig Spaß, als eine wahre Flut von neuen, meist stillen Mineralwässern den deutschen Markt eroberte. Während 1970 jeder Westdeutsche pro Jahr nur 12½ Liter Mineralwasser trank, waren es 1995 bereits 102½ Liter. Bald sah man überall Mädchen, die immer eine kleine Plastikflasche Evian (rückwärts übrigens: *Naive*) dabeihatten, weil einige Supermodels das so vorgemacht hatten.

Ich persönlich mochte Volvic lieber als Evian, aber der Unterschied zwischen beiden war nicht sehr groß, verglichen mit dem von Bonaqua und San Pellegrino. Einige Schlaumeier meldeten sich damals zu Wort und behaupteten, es sei snobistisch, Unterschiede zu machen zwischen dem Geschmack verschiedener Marken – Wasser sei Wasser. Das ist natürlich Quatsch. Jeder, der schon einmal mehrere Wässer nacheinander probiert hat, kann die Unterschiede schmecken.

Aber es gab tatsächlich ein paar peinliche »Mineralwasser-Gourmets«: Im Restaurant verlangten sie zu ihrem Wasser (»bitte leicht gekühlt, aber nicht kühlschrankkalt!«) ein dünnwandiges Stielglas wie für Wein, da nur so der Geschmack sich richtig entfalte. Diese Wichtigtuer ließen sich mit großer Geste das Etikett präsentieren und schnüffelten argwöhnisch am Verschluss, bevor sie schlürfend einen Probeschluck im Mund hin und her bewegten. Ich glaube, so etwas macht heute kein Kellner mehr mit – höchstens noch in den USA, wo dieses affige Getue seinen Ursprung hatte.

Auch wenn ich das wachsende Angebot an Mineralwässern immer gemocht habe – langsam reicht es. Schon vor zehn Jahren fand ich es haltlos, dass für eine kleine, wenn auch sehr hübsche, blaue Flasche irisches Wasser namens Ty Nant im Supermarkt satte sechs Mark aufgerufen wurden. Aber warum muss jetzt auch noch Wasser von der anderen Seite des Globus herangekarrt werden, wo es doch in Europa von Quellen nur so wimmelt? Unter uns: Wer für ein Fläschchen Mineralwasser aus Neuseeland fünf Euro bezahlt, ist kein Feinschmecker, sondern einfach nur ein Trottel.

Andererseits geht ohne Wasser heute überhaupt nichts mehr. Die Wissenschaft hat nämlich festgestellt: Wir müssen trinken, trinken, trinken. Mindestens anderthalb bis zwei, noch besser drei Liter täglich. Sonst welkt die Haut im Zeitraffer dahin und das Hirn schrumpft fix auf Dörrpflaumenformat. Da ich versuche, beides so lange wie möglich hinauszuzögern, trinke ich viel. Sehr viel. Und weil ich obendrein versuche, dabei nicht bettelarm zu werden, habe ich mich in letzter Zeit an Leitungswasser gewöhnt – in Hamburg soll das ja kerngesund sein. Angeblich. Auf jeden Fall ist es vergleichsweise billig, schmeckt okay und braucht nicht sinnlos und umweltschädigend per Schiff oder LKW transportiert zu werden.

Wenn Sie mich jetzt bitte entschuldigen; mein Wasserverbrauch pro Schreibmaschinenseite beträgt $1\frac{1}{2}$ Liter – und was oben reinläuft ...

MINIMALISMUS

Darf's ein bisschen weniger sein?

Weniger ist mehr, heißt es ja oft. Aber ich bin mir da nicht mehr so sicher. Der Minimalismus hat das Leben in den Neunzigern beherrscht, wie eine strenge, lustfeindliche Religion. Das Essen kam so pedantisch geordnet auf den Tisch wie eine Portion Sushi. In der Mode sorgten die klaren Schnitte von Helmut Lang, Jil Sander und Calvin Klein dafür, dass man problemlos von der Arbeit in den After-Work-Club tanzen konnte – streng und urban war nie verkehrt. In den Clubs lief dann meistens House oder Techno, also Musik, die auf einen geraden 4/4-Takt und eine pumpende Bassline reduziert war. Gesang galt unter Kennern als verzichtbares Überbleibsel einer untergegangenen Epoche. Zu Hause hörte man trotzdem heimlich alte Tom-Jones-Platten – auf winzig kleinen silbernen »Microanlagen«.

Eine Freundin, die in einer Werbeagentur arbeitete, musste aus ästhetischen Gründen jeden Abend ihren Schreibtisch komplett leer räumen. Erst wenn das letzte Blatt Papier beseitigt war, durfte sie in ihrem silbernen Smart nach Hause fahren, wo es weder Teppiche noch Zimmerpflanzen gab, von alten Schränken gar nicht zu reden. Dank ihrer zwei Sets *capsule wardrobe*, bestehend aus je fünf perfekt aufeinander abgestimmten, pflegeleichten und knitterfreien Klamotten, hatte sie nie Platzprobleme im nicht vorhandenen Kleiderschrank und auch der bekannte weibliche Stoßseufzer »Was ziehe ich bloß an?« erübrigte sich komplett. Wenn sich meine Freundin wieder mal allein fühlte, in ihrer leeren, aufgeräumten Wohnung, wo Hightech-Einheiten wie Inseln aus dem Parkett ragten, dann rief sie einfach nach Aibo, ihrem praktischen kleinen und selbstverständlich stubenreinen Roboterhund. Natürlich war ihr Handy das winzigste überhaupt. Sie hatte ständig Angst, es einmal beim Telefonieren zu verschlucken. Aber selbst das kleinste Handy macht keinen Sinn, wenn nie jemand anruft.

MULTIPLEX-KINOS

Gibt's das auch eine Nummer kleiner?

Ich weiß nicht, wer sich diese potthässlichen Betonklötze ausgedacht hat. Wahrscheinlich die Amerikaner, als Ergänzung zu einer irgendwo im Nirgendwo errichteten Shopping-Mall. Seit ungefähr zehn Jahren gibt es Multiplex-Kinos auch bei uns – ob das jetzt gut ist oder schlecht, darüber lässt sich streiten. Oft liegen sie am Stadtrand oder in der Nähe eines Bahnhofs. So können sich die Menschen aus dem Umland auch mal einen Superduper-Event-Film anschauen, ohne befürchten zu müssen, dass derweil ihr Auto am Haken eines Abschleppunternehmens verschwindet. Das war's dann aber auch schon mit den Vorteilen. Neueste Technik und bequeme Sitze – die Hauptargumente bei der Etablierung von Multiplexen – gibt es auch in kleineren Kinos.

Im Foyer dieser Unterhaltungsfabriken herrscht regelmäßig ein Gedränge wie bei Karstadt zu Beginn des Winterschlussverkaufs: drei Kassen für zehn Kinos, an denen sich zur Primetime auch noch Menschen anstellen, die bloß Tickets reservieren wollen. Als gäbe es kein Telefon. Bei den Getränken und Knabbereien sieht es ähnlich aus. Mit Schokoriegel und Popcorn gibt sich kaum jemand zufrieden. Mit Käsecreme und Chilisauce zugekleisterte Nachos sollten es schon sein. Das dauert. Dazu einen mit sagenhaften 1½ Litern voll gepumpten XXL-Becher-Cola. Aus Protest nehme ich ein überteuertes Mineralwasser – das hat nur 0,33 l. Dann muss ich vielleicht während des Films nicht so oft aufs Klo. Das ist doppelt ärgerlich, denn der Kassencomputer teilt mir oft einen Platz in der Mitte zu. Dann heißt es: »Entschuldigung, darf ich mal vorbei, ja, danke, geht schon.« Anschließend fährt man mit der Rolltreppe ein Stockwerk tiefer, geht um ein paar dunkle Ecken und, hoppla!, da ist sie ja schon, die Toilette.

Diese Ausflüge sind allerdings noch harmlos im Vergleich mit Störungen beim Ton oder Bild. Wird einer der anderen Zuschauer aufstehen und den Fehler melden? Doch wenn, dann wo? Eine zentrale Beschwerdestelle gibt es ja leider nicht. Und kollektives »Lauter«-Brüllen ist auch zwecklos. Ach, wenn ich mir das so recht überlege, hat mich in den Neunzigern die Erfindung des DVD-Players doch mehr beeindruckt als die Multiplexkinos. Das Bild ist zwar kleiner, aber wenigstens kümmert sich mein Freund darum, dass die Technik reibungslos funktioniert. So dachten offenbar viele. Denn inzwischen kriselt es kräftig in der Filmbranche, die zu sehr auf die neuen Unterhaltungstempel gesetzt hat. Drei Multiplexe, in denen überwiegend die gleichen Filme laufen, in einem einzigen Stadtteil – das hält der größte Cineast nicht aus.

NACHMITTAGS-TALKSHOWS

Dumpfbacken am Mittag

Als ich 1994 das erste Mal *Arabella* sah, war ich fassungslos. So etwas hatte es im Fernsehen noch nicht gegeben: Ein Haufen Vollprolls beschimpfte sich gegenseitig aufs Übelste, während das Publikum im Studio johlte, pfiff und klatschte. Eine Riesengaudi – und ein Riesenerfolg. Denn kurz darauf wimmelte es nur so von Nachmittagstalkshows, alle mit bombigen Einschaltquoten. Die Shows hießen der Einfachheit halber meist wie ihre Moderatoren: Bärbel Schäfer, Sonja Zietlow, Vera in'tVeen, Oliver Geissen, Andreas Türck. Das Themenspektrum: »Ich will dich nicht mehr – du bist mir viel zu fett«, »Sonja, meine Eltern haben alles falsch gemacht!«, »Hilfe, mein Freund will jeden Tag zehnmal Sex« oder »Meine Freundin will nicht, dass mein Kampfhund mit im Bett schläft«.

Die Studios glichen einer Gladiatorenarena aus dem alten Rom, wo zur Freude des Publikums gebrüllt, gepöbelt und manchmal auch geprügelt wurde. Der medienwissenschaftliche Begriff für derlei TV-Formate heißt »Affektfernsehen« und bedient das Zuschauerbedürfnis, sich emotional stark einzubringen, ohne selbst betroffen zu sein. Und es funktionierte anscheinend wunderbar. Zumindest eine Zeit lang. Nicht, dass ich solche Sendungen oft schaute, hatte ich jedoch zufällig eingeschaltet, zwang mich eine unsichtbare Macht, dranzubleiben. Denn irgendwie hat es auch was, dass solche kompletten Dumpfbacken im Fernsehen auftreten dürfen – und nicht nur gut gekleidete, aalglatten eloquente Menschen. Es öffnet einem die Augen: Diese Leute gibt es wirklich, und so denken und fühlen sie.

In das spitznasige, bildungsbürgerliche »Iiiiihh!« und »O Gott, o Gott, wie tief kann TV-Unterhaltung noch sinken« mag ich nicht einstimmen. Das brauche ich auch nicht, denn die Dekade des Nachmittags-Talks ist zu Ende. Der Niedergang begann, als den Show-Redaktionen allmählich die echten Themen und Typen ausgingen. Talk-Gäste, die bei *Vera am Mittag* über irgendwelche Sexpraktiken gestritten hatten, tauchten kurz darauf bei *Bärbel Schäfer* auf – mit einem ganz anderen Problem, das sie allerdings mit der gleichen, gespielten, Streitlust ausfochten. Das Authentische war verloren, die Lebendigkeit – und spätestens damit auch noch das letzte Quäntchen Zuschauerinteresse. Manche Dinge regeln sich eben einfach von selbst.

NEW ECONOMY

Aus der Garage in den Neuen Markt

Dem Internet gehört die Zukunft! Daran bestand in den Neunzigern überhaupt kein Zweifel. Bald würde kein Mensch mehr Zeitungen oder Bücher aus Papier lesen, niemand bräuchte mehr das Haus verlassen um einzukaufen, eine Reise zu buchen oder einen Partner zu suchen. Kühlschränke könnten ihre Lebensmittelbestände per eingebautem Computer checken und bei Bedarf automatisch online Nachschub ordern. Fernsehen und Internet würden zu einer interaktiven Einheit verschmelzen – der Zuschauer, jetzt zum User avanciert, könnte sich das tolle Kleid, das er gerade in seiner Lieblingsserie sieht, mit einem Mausklick direkt online bestellen. Ein Paket, das per Kurier unterwegs ist, würde man dank Online-Tracking jederzeit genauestens verfolgen können. Wahnsinn, oder? E-Commerce, E-Business, Interaktivität – das waren magische Wörter. Jede Firma, vom Weltkonzern bis zum kleinen Schraubenfabrikanten, brauchte unbedingt einen Web-Auftritt. Möglichst imposant, mit bunt animiertem Flash-Intro zum angesagten Drum'n'Bass-Sound, Online-Shop, Kontakt-Button und viel Platz für Selbstdarstellung.

Und während sich Mitte der Neunziger in anderen Branchen schon langsam die Rezession bemerkbar machte, schossen die Start-ups der New Economy wie Pilze aus dem Boden, okkupierten ganze Straßenzüge – die Berliner Chausseestraße zum Beispiel wurde zeitweilig nur noch »Silicon Alley« genannt. Auch ich hatte damals ein berufliches Zwischenspiel in der New Economy. Als Online-Redakteurin, mit angeblich fabelhaften Aussichten, denn dem Internet und seinen Inhalten gehörte ja die Zukunft. Die glänzende Auftragslage, gepaart mit der festen Überzeugung der Geschäftsführer, dass letztlich nur die Großen der Branche überleben würden, führte zu rasantem Wachstum: Fast täglich kamen neue Mitarbeiter hinzu. Bestand die Firma eben noch aus zehn Leuten, waren es zwei Monate später schon fünfzig und nach weiteren drei Monaten hundert Mitarbeiter. Bald konnte ich mir die Namen und Gesichter kaum noch merken, die Kuscheligkeit der Anfangsphase war dahin.

Die Büros platzten aus allen Nähten, ständig wurden neue Räume, neue Etagen angemietet und interne Firmenstrukturen in stundenlangen Meetings täglich neu erfunden. Es war das reinste Chaos. Aber es machte trotzdem viel mehr Spaß, als in einem muffigen Gummibaumbüro zu arbeiten, wo sich die Mitarbeiter ab zehn Uhr morgens mit »Mahlzeit!« – »Danke, ditto!« grüßen, während Kohlrouladengeruch aus der Kantine das Treppenhaus hinaufwabert.

In der Internetbranche schufteten wir praktisch rund um die Uhr – selbstverständlich ohne bezahlte Überstunden, dafür herrschte aber ein tolles Betriebsklima. Fast alle waren nett und locker, wir duzten uns bis hoch zur Geschäftsleitung. Die Weihnachtspartys und Betriebsausflüge: legendär. Und wenn's mal wieder später wurde, schmiss der Chef eine Runde Pizza oder etwas vom China-Bringdienst. Arbeitszeit und Freizeit schienen zu verschmelzen, meine Kollegen waren gleichzeitig meine Freunde. Wer nicht höllisch aufpasste, hatte nach einiger Zeit tatsächlich kaum noch Sozialkontakte außerhalb der Firma. Natürlich gab es auch keinen Betriebsrat – wozu auch, wenn die Chefs solche Supertypen sind und die Mitarbeiter nach dem Börsengang der Firma sowieso reiche Aktionäre? Meinten wir damals.

Doch dann kam alles anders. So schnell, dass wir es kaum fassen konnten. Okay, es gab beunruhigende Zeichen: Die traditionellen Montags-Meetings, die der aktuellen Information über den Stand der Dinge dienten, wurden seltener. Interne Fortbildungsprojekte für Mitarbeiter lagen auf Eis, auch der kostenlose Masseur kam nicht mehr vorbei. Die sonst so siegessicheren Mienen der Geschäftsführer waren sorgenumflort und immer öfter schlossen sie die Tür hinter sich, um im kleinen Kreis zu konferieren. Ein letztes Montags-Meeting brachte dann Gewissheit: Firma pleite, alle entlassen, sorry.

Die viel bejubelte Zukunftsbranche war am Ende, Aktien keinen Pfifferling mehr wert. Wer aus der Geschäftsleitungsriege nicht gerissen genug war, sich rechtzeitig mit Aktienverkäufen frisch zu machen, saß auf einem millionenschweren Schuldenberg und zog vom Penthouse in die Sozialwohnung. Doch das war sicher die Ausnahme. Wie die meisten Mitarbeiter verlor auch ich alles: Job, Freunde/Kollegen, Mitarbeiteraktien und viele Illusionen. Aber wir haben auch etwas gelernt: ein Betriebsrat ist manchmal gar nicht so verkehrt, die Börse ist kein Goldesel, Kollegen sind meist nur so lange Freunde, wie man zusammen arbeitet, und es gibt Schöneres, als nachts um zwölf vor dem Computer Pizza aus der Pappschachtel zu essen.

Starke Worte

Manchmal können einzelne Wörter die Stimmung eines ganzen Jahres einfangen – im Guten wie im Schlechten.

Die Wörter der Neunziger*:

1990: die neuen Bundesländer

1991: Besserwessi

1992: Politikverdrossenheit

1993: Sozialabbau

1994: Superwahljahr

1995: Multimedia

1996: Sparpaket

1997: Reformstau

1998: Rot-Grün

1999: Millennium

Die Unwörter der Neunziger*

1991: Ausländerfrei

1992: ethnische Säuberung

1993: Überfremdung

1994: Peanuts

1995: Diätenanpassung

1996: Rentnerschwemme

1997: Wohlstandsmüll (arbeitsunfähige Kranke)

1998: sozialverträgliches Frühableben

1999: Kollateralschaden

* (Ermittelt von der Gesellschaft für deutsche Sprache e.V.)

Da lachen ja die Broiler – deutsch-deutsche Witzkultur

Direkt nach dem Mauerfall war noch alles strahlend Freud' und Einigkeit. Doch kaum war das Begrüßungsgeld verjuxt, Bananen und Marlboro flächendeckend ausverkauft, fingen die Brüder und Schwestern aus Ost und West an, sich zu beharken. »Faul, unflexibel und hinterwäldlerisch« seien die Ossis, maulten die Alt-Bundesländler. Während die Ex-DDR-Bewohner die Wessis als »überheblich, raffgierig und hinterlistig« schmähten.

Wie verdammt ähnlich im Gemüt sich Ost und West aber letztlich doch sind, das zeigen die Witze, mit denen sie übereinander herziehen. Zum Beweis eine kleine Auswahl deutsch-deutschen Humors.

Meine Damen und Herren, liebe Ossis und Wessis: Es darf gelacht werden:

Was ist der Unterschied zwischen einem Fuchs und einem Wessi? Der Fuchs ist schlau und stellt sich dumm - der Wessi macht es andersrum ...

Kann man aus einer Banane einen Kompass machen? Klar, die Banane abends auf die Berliner Mauer legen, da wo am nächsten Tag abgebissen ist, ist Osten.

Was ist ein Wessi in einem Salzsäurefass? Ein gelöstes Problem.

Warum grinst der Chinese den Westdeutschen so an? Weil die Chinesen die Mauer noch haben.

Wann ist die Wiedervereinigung vollendet? Wenn der letzte Ossi aus dem Grundbuch verschwunden ist.

Was bekommt man, wenn man einen Wessi mit einem Ossi kreuzt? Einen arroganten Arbeitslosen.

Zum Schluss noch einer für alle:

Können Sie mir den Kapitalismus erklären? Klar. Kapitalismus ist die Ausbeutung des Menschen durch den Menschen. Und wie ist es mit dem Sozialismus? Da ist es genau umgekehrt.

So, und jetzt vertragt euch!

PIERCING, TATTOO, BRANDING

Begnadigte Körper

Manchmal ist das Leben überhaupt nicht zum Lachen: Den ganzen Tag über sitzen wir vor flimmernden Computermonitoren, um abends erschöpft und ausgepumpt vor dem heimischen Fernseher zu landen. Dort konsumieren wir die selben Hollywood-Filme, die gleichen TV-Serien wie überall auf der Welt. Auch in der Mode, Musik und bei den Reisezielen etabliert sich immer mehr eine dominante globale Geschmackslinie. Es ist dadurch ausgesprochen schwer geworden, sich von der breiten Masse abzuheben und ein Stück Individualität zu zeigen. Das einzige echte Original, das wir besitzen, ist unser Körper. Ein archaisches Relikt aus den Zeiten, als der Alltag noch nicht von hoch entwickelter Technik und globalen Medien beherrscht wurde. Als man bei der Arbeit noch vor Anstrengung schwitzte – und nicht aus Angst vor einer möglichen Kündigung.

Weil wir insgeheim spüren, dass der Verlust unserer Körperlichkeit erst der Anfang ist und unsere gesamte Persönlichkeit folgen könnte, pflegen und formen wir unseren Leib nach höchsten Idealen: Wir möchten Göttinnen und Götter sein, voller Kraft und Anmut. Wollen wild sein und animalisch, eins werden mit der Natur. In den letzten zehn Jahren boomten deshalb nicht nur die Fitness-Studios. Ohrringe und dezente Nasen-Piercings findet man inzwischen bei jedem zweiten Finanzbeamten. Immer mehr Frauen geben sich nicht mehr mit einem Schmetterling auf der Schulter zufrieden und verlangen nach großflächigen Tribal-Tattoos, die manchmal den halben Rücken bedecken.

Das Ideal der Neunziger war der schöne Wilde, der vermeintlich glückliche Insulaner, der seine Entscheidungen noch selber trifft. Doch weil immer mehr Menschen diesem – tatsächlich schon längst aus der Realität verschwundenen – Vorbild nacheifern, etablierten sich in der zweiten Hälfte des letzten Jahrzehnts immer bizarrere Formen der Kunst am eigenen Körper: Beim Branding wurden mit glühenden Eisen Muster in die Haut gebrannt. So manches Genital wurde mit Ringen und Stiften verziert und ein paar ganz Verwegene schoben sich sogar Metallteile unter die Haut. Es schien, als könnten sich einige Menschen nur noch spüren, wenn sie sich zu einem steinzeitlichen Stammeskrieger zurückentwickeln. Doch zum Glück gibt es ja immer noch die Möglichkeit, seinen Körper ganz normal gut zu behandeln. Etwas Make-up und ein Spaziergang mit dem Hund sind für den Anfang doch auch ganz okay, oder?

PLAYSTATION & CO.

»Der will nur spielen ...«

Es begann in den frühen Siebzigern: Die ersten Schlaghosen-Teens schoben am Schwarzweiß-Fernseher ein einsames Pixel-Pünktchen hin und her. Ping Pong nannte sich das. Dann jagte in immer kürzer werdenden Abständen eine technische Innovation die nächste: Atari-Spielkonsolen, Amiga-Homecomputer, Nintendo-Gameboy – und bald eroberten die ersten Spielkonsolen ihren Ehrenplatz unter der heimischen Glotze. Ob jetzt Sega, Nintendo oder Sony besser waren, wer weiß das schon so genau. Vermutlich nur die leicht autistischen »Zocker« und Daddel-Kids, die sich seit Einführung der Sony-Playstation Ende 1995 verstärkt in ihre Spielzimmer zurückzogen. Nintendo, so hieß es aus diesen Kreisen, hatte die bessere Bildqualität, aber zu viel Kinderspiele. Sony bediente eher den Erwachsenenmarkt mit Spielen wie *Wipeout, Gran Turismo* oder *GTA*.

Der absolute Knaller war allerdings *Tomb Raider*, das Adventure-Spiel mit der toughen Lara Croft, inzwischen mit Angelina Jolie in der Hauptrolle verfilmt. Durch solche Kult-Spiele und ein cleveres Marketing avancierte die Playstation schon bald zum Marktführer: Über 50 Millionen Geräte verkaufte die japanische Firma bis zum Ende der Neunziger. Die meisten davon an männliche Kunden, vermute ich mal. Zum Beispiel an meinen Freund, dessen Lara-Croft-Begeisterung eine Zeit lang meine Nerven arg strapazierte. Stundenlang, ach was, tagelang saß er vor dem Bildschirm. Aus seinem Zimmer drangen hackende und tackernde Geräusche und in unregelmäßigen Abständen verzweifelte Befehle und Satzfetzen wie »Mach schon! Spring, dumme Nuss!« oder »Aaaah! Neiiiiin! Das darf nicht wahr sein!!!« Oft kam er erschöpft und übellaunig gegen Mitternacht aus seiner Klausur: wieder das nächste Level nicht erreicht.

So konnte es nicht weitergehen. Ich investierte einen Zwanziger und schenkte ihm das *Tomb-Raider*-Lösungsbuch. Mit einem Schlag wurde alles wieder gut: Erst hörte das Gezeter auf, kurze Zeit später erlahmte sein Interesse an Lara und wandte sich wieder mir zu. Wenn's doch nur immer so einfach wäre ...

Heute wird immer häufiger, härter und hasserfüllter über die Gefahren debattiert, die angeblich von Computerspielen ausgehen – oder eben nicht. Dazu nur so viel: Es gibt eine ganze Reihe sehr netter und vernünftiger Menschen, die ihre Freizeit mit Prügel- und Ballerspielen verbringen. Und es gibt Leute, in deren Händen man sich sogar einen Fußball als Waffe vorstellen kann. Die Vermutung liegt allerdings nahe, dass jene, die über Computerspiele reden, und jene, die Computerspiele spielen, verschiedenen Menschengruppen angehören. Auf meinem Laptop existiert noch das Uralt-Game *Apeiron*, da schieße ich manchmal ein paar Leuchtpilze, niedliche grüne Würmer und herabfallende Grinsekästen ab – ansonsten ist mir der Spaß an Computerspielen ziemlich fremd.

»Ich bin der beste deutsche Komponist nach Mozart«

Vergnügt blitzen die Augen, die Backen glühen vor Aufregung und die Mundwinkel grinsen steil nach oben: Kein Zweifel, die beiden Schmerbäuche, die da offensichtlich schwer betrunken aus einer Striptease-Bar wanken, haben sich prächtig amüsiert. Doch ein Schuft, wer Böses dabei denkt. Ein dicker Schriftzug über dem Schnappschuss verrät, warum die beiden Schwerenöter so selig grinsen: »Das Bier war klasse!« Na dann Prost! Die gewollt prollige Werbekampagne der Hamburger Brauerei Astra traf im Herbst 1998 ziemlich genau den damaligen Zeitgeist.

Die Begeisterung für Trash- und Prollkultur erreichte Ende der Neunziger ihren Höhepunkt: Guildo Horn reiste samt Halbglatze zum Grand Prix nach Birmingham, um dort die Neue Deutsche Schlagerwelle zu vertreten. Dolly Buster, Jenny Elvers, ja sogar Naddel – nie war es für Frauen mit großen Brüsten einfacher, eine eigene Fernsehsendung zu bekommen.

Auch die Wiedervereinigung von Modern Talking brachte Würze in die Talkshows: »Ich bin der beste deutsche Komponist nach Mozart«, irrte sich Dieter Bohlen gleich zweimal. Der 30-Tage-Ehemann von Verona Feldbusch gilt bis heute als Held der Supermarktkassiererinnen und Automechaniker. Einer, der sagt, was er denkt: »Andere brauchen Heroin, ich brauche einen blauen Himmel und 'ne Tasse Tee.« Das klang so banal bescheuert, wie der investigative Journalismus von Sat1-Plaudertasche Ulrich Meyer: »Sex mit Tieren – was meinen Psychologen? Was sagen Tierschützer?«

Nachdenkliche Intellektuelle und Kultur-Pessimisten kamen da ins Grübeln: Sie verglichen Guildo Horn allen Ernstes mit Ernst Jünger, bejammerten Verdummung durch den »Kult des Banalen« und wussten doch vor allem eines: Diesen Mist mögen wir nicht!

Okay, auch ich fand Nachmittags-Talkshows meist unerträglich, aber über Al Bundy habe ich eine Zeit lang ebenso gern gelacht, wie über *Beavis & Butthead* oder *Dumm und Dümmer* mit Jim Carrey.

Waren es nicht auch herrlich pralle Boulevardgeschichten, die uns in den Neunzigern prächtig unterhalten haben: Die Dreistigkeit, mit der das Callgirl Nicole Meissner und ihr »Beschützer« Ebby Thust versuchten, Steffi Grafs Vater zu erpressen, indem sie ihm ein uneheliches Kind anhängten. Die Tragödie von John Wayne Bobbitt, dem seine Frau im Streit den Schwanz abgeschnitten hat und der später (mit wieder angenähtem Penis) in einem Porno seine eigene Leidensgeschichte nachspielte. Auch gut, war die Antwort der drallen H&M-Blondine Anna Nicole Smith auf die Frage, ob sie Feministin sei: »Ich verstehe diese Frage nicht.«

Sind dies nicht die vitalen, lebensgierigen Charaktere, die so manchen guten Roman bevölkern? Bildungsbürger suchen immer noch nach einem Sinn im Leben. Prolls wissen, dass es keinen gibt. Sie sehen die Karrieren von Verona, Jenny, Zlatko und Alex und denken sich zu Recht: Das kann ich auch! Oder anders ausgedrückt: Mir sind die Bier trinkenden Reeperbahn-Bummler von Astra lieber als die neunmalklugen Spießer-Muttis, die immer Toffifee im Haus haben.

Die miesesten Machos

Guns'n'Roses

Axl Rose wurde von seinen Fans 1992 zum »geilsten Heavy-Frontman« gewählt. Grund: sein Knackarsch. Und wenn er nicht gerade auf der Bühne steht, säuft und prügelt er sich gerne durch die Gegend. Seine Kumpels scheinen auch nicht viel besser zu sein. Das Band-T-Shirt schmückt jedenfalls eine halb ohnmächtige, offensichtlich gerade vergewaltigte Frau, die mit heruntergezogenem Slip an einer Mülltonne kauert. Darüber steht: »Guns'n'Roses were here.«

Lothar Matthäus

Als »Loddar«, damals Mannschaftskapitän von Bayern München, und sein Team die deutsche Basketballnationalmannschaft der Damen auf dem Flughafen trafen, stellte er den Sportlerinnen seinen Teamkollegen, den dunkelhäutigen Kolumbianer Adolfo Valencia, mit den Worten vor: »Ey, Mädels, unser Schwarzer hat den Längsten!«

Dieter Bohlen

Dieser Mann ist von keinerlei Selbstzweifeln geplagt. Er spricht einfach in die Tüte. Was dabei herauskommt, ist manchmal unverhofft witzig, oft aber einfach nur Müll. Und über Frauen hat »de Diddä« natürlich auch so seine Ansichten: »Ob ich was gegen Frauen über vierzig habe? Kann ich nicht sagen – ich kenn' keine.«

Ebby Thust

Der Halbweltkönig aus Frankfurt hat so einigen Dreck am Stecken. Zum Beispiel half er dem Callgirl Nicole Meissner als ihr »Beschützer«, »Vadder Graf« mit einem angeblichen unehelichen Kind zu erpressen.

Mike Tyson

Das unsympathische Boxer-Großmaul hatte eine achtzehnjährige Studentin vergewaltigt und wurde dafür 1992 zu fünf Jahren Knast verurteilt. 1997 biss er bei einem WM-Boxkampf seinem Gegner Evander Holyfield das halbe Ohr ab.

Die weichsten Weicheier

Der Melitta-Mann

Er trug die flauschigsten Strickjacken und war so nett, dass man sich schon beim Anblick einer Kaffebohne für das Unglück entschuldigen wollte, das man dem kleinen braunen Gesellen gleich antun würde. Oder gleich nur noch Tee trinken. Ging aber auch nicht, weil der Melitta-Mann dann sicher sehr traurig gewesen wäre.

California Dream Boys

Die männlichen Stripper, die einem ausschließlich weiblichen Publikum unter rasendem Geklatsche und Gejohle ihre gut geölten Alabasterkörper präsentierten. Harte Muskeln, weicher Keks – damit hatten die tapsigen Tanzbären mit dem stets leicht dümmlichen Gesichtsausdruck einen Riesenerfolg. Ihr »bestes Stück« bekam trotzdem niemand zu sehen. Da lobe ich mir doch die ganz normal gebauten Jungs aus dem wunderbaren Film *Ganz oder gar nicht*.

Leonardo diCaprio

Warum nur immer wieder der Versuch, uns diesen niedlichen Hänfling als Sexsymbol zu verkaufen? Sicher, der Junge hat Talent und ein nettes Gesicht. Aber mal ehrlich: Das Kerlchen sieht doch mit Mitte zwanzig immer noch aus wie mein vierzehnjähriger Bruder. Das weckt vielleicht bei mancher Frau Mutterinstinkte. Mehr doch wohl nicht? Oder?

Jürgen Fliege

Wenn einer den windelweichen Betroffenheits-Schmus perfektioniert hat, dann dieser Fernsehpfarrer. »Flieg, Fliege, flieg, flieg an den Fliegenleim ... « heißt eine Songzeile des Berliner Entertainers Phil. Treffender hätte ich das nicht sagen können.

Milli Vanilli

Als herauskam, dass Rob und Fab von Milli Vanilli in Wirklichkeit gar nicht singen können, sondern nur süß aussehen und ein bisschen rumhampeln, war das ein Skandal. 80.000 stinksaure Fans verklagten die Plattenfirma, die machte 640.000 Mark für die enttäuschten Liebhaber locker.

RAUBKOPIEN

Na Logo!

Als meine Freundin Doris von ihrem ersten New-York-Trip zurückkam, traute ich meinen Augen kaum: Um ihren schlanken Hals wehte lässig ein Hermès-Seidentuch, ihre Augen waren vor der grellen Dezembersonne durch eine riesige, schwarze Valentino-Sonnenbrille geschützt. Über der rechten Schulter baumelte eine Chanel-Handtasche aus abgestepptem Lackleder an der typischen Goldglieder-Kette. Und die passende Chanel Uhr hing in provozierendem Schwarz/Gold am linken Handgelenk. Donnerkeil! Doris hatte schon immer eine Schwäche für Statussymbole gehabt – und für Männer mit etwas pralleren Brieftaschen. Aber diesmal musste sie einen echt dicken Fisch an Land gezogen haben.

»Ach wo«, kicherte sie, »das hab ich mir alles selbst gekauft! Und rate, was ich dafür bezahlt habe!« – Jetzt spinnt sie total, dachte ich und sagte: »Keine Ahnung, bestimmt über dreitausend Dollar. Hast du im Lotto gewonnen?« – »Ha! Genau dreiundzwanzig Dollar und fünfzig Cent! Beim Straßenhändler in Chinatown! Ist nämlich alles nicht echt! Sieht aber total echt aus! Wahnsinn, oder?« Kein Unterschied. Tatsächlich. Ich war tief beeindruckt. Da würden sich die reichen Label-Schnepfen mit ihren teuren, echten Chanel-Taschen und Gucci-Uhren aber ärgern!

Doch noch mehr ärgerte sich Doris. Kaum eine Woche war vergangen, als sie mir die Überreste ihrer »Chanel«-Uhr zeigte: »Hier!«, dampfte sie, »Verschluss aufgegangen! Runtergefallen! Glas kaputt! Mist!! Repariert mir hier kein Mensch! Dürfen die gar nicht! Wenn ich damit zum Uhrmacher gehe, zeigt der mich an. Wegen Plagiatbesitz!« Ich versuchte sie zu trösten, aber sie war in Rage: »So ein Dreck kommt mir nicht mehr ins Haus! Der Schal auch: 100 Prozent Polyester! Das ist einfach nicht dasselbe Gefühl auf der Haut wie Seide! Und die Brille, die hat Plastikgläser! Null UV-Schutz! Ein Skandal!« Tja, Leuten wie Doris hilft da wohl nur Lotto spielen – oder sich doch noch einen Millionär angeln. Für mich müssen »Designer-Stücke« nicht unbedingt echt sein. Diese Phase habe ich hinter mir. Hauptsache, es sieht gut aus. Ich habe lieber zwanzig Fake-Chanel-Uhren in der Schublade, die ich nach und nach »aufbrauche«, als eine echte. Denn wenn die herunterfällt, ist sie doch auch nur kaputt.

REALITY-TV

Dieses langweilige Leben

Neulich hab' ich mich gefragt, wie das überhaupt anfing, mit Reality-TV und *Big Brother*? Solche Überwachungs-Shows gelten heute ja als ausgesprochen prollig – vor zehn Jahren waren sie noch ein hippes Thema: Unter dem Namen *The Real World* zeigte uns MTV 1992 die mäßig prickelnden Abenteuer einer WG, die so realen Berufen nachging wie Sänger oder Fotomodell. Von einer TV-Peep-Show war da wenig zu spüren.

Die deutsche Version folgte zwei Jahre später: *Das wahre Leben* spionierte im Alltag von sieben Menschen zwischen 18 und 28, die man in einem Berliner Loft zusammengepfercht hatte. Mehr als 1000 Möchtegern-Stars bewarben sich für die Sendung – mein schwuler Kollege Adriano hat es geschafft: Als »bekennender Exhibitionist mit Sendungsbewusstsein« passte er wirklich hervorragend ins Konzept. Um das Motto der Produzenten – »Alles, was knallt, ist gut!« – umzusetzen, gab es in der WG einen gut aussehenden Homophoben.

Der hat Adriano sehr beschäftigt. Geknallt hat es trotzdem nicht.

Überhaupt waren diese frühen Reality-TV-Sendungen noch vom Authentizitätswahn der Generation X geprägt: Jeder Langweiler dachte damals, er sei eine interessante, faszinierende Persönlichkeit, und hoffte, man möge das Strahlen und Leuchten hinter seinem mürrischen Gesicht erkennen. Von wegen. Endlose Diskussionen über Arbeiten im Haushalt und andere Banalitäten nerven mich schon genug in meinem eigenen Leben. Was bleibt, ist »Schlüsselloch-Effekt«, Leuten beim Leben zugucken, wie das James Stewart in *Das Fenster zum Hof* bei seinen Nachbarn tut. Doch in Hitchcocks Film geht es um Mord und die Nachbarn sind wirklich bizarr. Da können von allen Reality-TV-Sendungen höchstens die Abenteuer der Osbournes mithalten.

RECHTSCHREIBREFORM

Viel Lärm um nichts

Sie hatten es schwer, die Gegner der Rechtschreibreform. Von Mitte bis Ende der Neunziger kämpften vor allem Lehrer und Freunde des »ß« um die Herrschaft über die deutsche Sprache: »Die Rechtschreibreform vereinfacht das Schreiben nicht, sondern macht es primitiv und komplizierter«, verkündeten sie mit erhobenem Zeigefinger überall dort, wo man ihnen ein Forum gab. Okay, »Tipp« mit zwei p zu schreiben ist wirklich bescheuert und das Strebertum der Zeitung *Die Woche* – hier wurde schon lange vor dem 1.8.1998 neu geschrieben – war ziemlich peinlich. Aber mal ehrlich, sollte uns dieser ganze Zirkus nicht wenigstens im Nachhinein völlig egal sein? Sind wir wirklich ein Volk von Pedanten, bei denen der *Duden* in der Nachttischschublade liegt? Die konservative *FAZ* kehrte bereits im August 2000 zur alten Rechtschreibung zurück. Andere, wie der Autor Feridun Zaimoglu, lassen sich durch schnöde Grammatik ohnehin nicht von der Ausübung ihrer Kunst abhalten: »Hakan und ich sind halt inner Frühstückspause, da kommt son Deutscher, voll der Trottel«, schreibt er in seinem Roman *Abschaum*. Und selbst das »Forum für alle Gegner der Rechtschreibreform« musste auf seiner Homepage zugeben: »Schade! Die bis zum 9. Juli benötigten 243.000 Unterschriften kamen leider nicht zusammen. Die Menschen tanzen wohl lieber auf der bekloppten Love Parade in Berlin.« Stimmt, das war schon früher so.

RED BULL

Gummibärchen mit Flügeln

»Ich fahre über's Wochenende nach Österreich, soll ich dir auch 'ne Palette Red Bull mitbringen?«, hatte mich meine Freundin gefragt und dabei ihre berühmte Verschwörermiene aufgesetzt. Einen Moment lang zögerte ich, schon allein wegen der etwas übertrieben klingenden Mengenangabe – »Palette«. Andererseits war Nicole eine echte Expertin in Sachen cool/uncool – und wer wollte ihr ernsthaft in solchen Dingen widersprechen?

Red Bull lief 1993 in Deutschland noch unter »Partydrogen«. Der in Österreich erfundene und dort seit 1987 erhältliche Energydrink war bei uns aus banalen, eher bürokratischen Gründen noch nicht für den offiziellen Verkauf freigegeben. Wer die aufputschende Kraft von Inhaltsstoffen wie Taurin, Glucuronolacton, Vitamin B und 80 mg Koffein pro Dose spüren wollte, der musste damals tatsächlich mehr oder weniger illegal aus Österreich importieren. Das gab dem Gesöff eine geradezu mythische Aura. Entsprechend viele Gerüchte machten die Runde. Der rote Saft werde aus Stierhoden gewonnen, hieß es oft. Wahrscheinlich, weil der Wirkstoff Taurin vor 40 Jahren in einem Bullen entdeckt wurde und Red Bull schließlich auch seinen Namen gab.

Als meine Freundin eine Woche später aus Wien zurückkam, hatte sie tatsächlich zwei Paletten des begehrten Muntermachers dabei. Besonders teuer war das Zeug ja auch nicht. Natürlich haben wir sofort zwei Dosen geknackt – noch schön aufgewärmt von der langen sommerlichen Autofahrt. Das darauf folgende Geschmackserlebnis werde ich vermutlich nie mehr vergessen: Als hätte man eine Familienpackung Gummibärchen zwei Stunden auf kleiner Flamme im eigenen Saft köcheln lassen und dann den Sud in Dosen gefüllt. Wir tranken trotzdem tapfer aus. Die Wirkung war allerdings weniger bemerkenswert als der Geschmack: leichtes Herzwummern, zittrige Hände und heftige Schweißausbrüche.

Doch offenbar hatte die Welt genau darauf gewartet. Ein Jahr später war Red Bull auch in Deutschland nicht nur legal – es wird seitdem in jedem Club, jeder Tankstelle, jedem Supermarkt verkauft. Man schluckt es auf Eis, mit Sekt, Wodka oder was einem sonst so in den Sinn kommt. 2001 wurden von der »Partydroge«, dem anfänglichen Kultgetränk, weltweit eine Milliarde Dosen verkauft. An mir hat es nicht gelegen, ich bin unschuldig, ehrlich.

RETRO-TRENDS

Das gab's schon einmal, das kommt jetzt wieder

Popkultur ist ein Laden, dessen Angebot überwiegend aus Secondhand-Artikeln besteht. Im Lauf der letzten Jahrzehnte hat sich dort eine Menge angesammelt, Material, das nur darauf wartet, kennerhaft in einen neuen Kontext übertragen zu werden. Quentin Tarantinos *Pulp Fiction*, zum Beispiel, war ein herrliches Sammelsurium obskurer Zitate und Reminiszenzen. Vom liebevoll ausgesuchten Soundtrack über die perfekte Ausstattung bis zum Comeback des ehemaligen Disco-Tänzers John Travolta als eiskaltem Killer: Jedes Detail, jede Einstellung steckte voller liebevoller Erinnerungen an längst vergangene Momente des *cool*.

Doch *Pulp Fiction* war eher ein glücklicher Einzelfall. Die unüberschaubar vielen Retro-Trends der Neunziger waren dagegen ein alberner Slalom durch das Land der Seltsamkeiten: Acid-Jazz, Sechziger-, Siebziger- und Achtziger-Revival, die Rückkehr der Beatles als Brit-Pop und die Neuerfindung des Dicke-Koteletten-Schlagers. Eine Zeit lang kuschelten wir sogar zum Easy Listening von Bert Kaempfert und Burt Bacharach im milden Licht unserer Lavalampen.

»Brand New, you're retro«, höhnte der Musiker Tricky in einem seiner Songs über das weit verbreitete Desinteresse an Neuem. Doch es schien tatsächlich so, als würden wir fliehen, vor einer kalten, abstrakt gewordenen Gegenwart. Zurück in die vermeintlich heile und bessere Welt unserer Kindheit.

Höchstens zwei Jahrzehnte dauert es in der Regel, bis eine Generation sich kollektiv an die ersten Kontaktaufnahmen mit dem Phänomen Pop erinnert. Deshalb waren vor zehn Jahren noch die Siebziger gefragt und deshalb lagen ab 2000 die Achtziger im Trend: Wer mit dreißig mitten im Leben steht, erinnert sich gerne an das, was früher Glück bedeutete, ob das nun Herr Rossi war oder ein Amiga Commodore.

Doch leider ist der kleine Popkultur-Laden, der die Schätze unserer Erinnerungen verwaltet, in Wirklichkeit ein gigantischer Supermarkt, aus dem sich alle bedienen. Dinge, von denen wir glaubten, dass sie nur uns gehören, werden darin auf den kleinsten gemeinsamen Nenner reduziert. Das ist schade, aber vermutlich nicht zu ändern.

RUCOLA

Nur echt mit einem c!

»Ruckolla? Nee, haben wir nicht! Was soll das denn sein?« Die Verkäuferin in dem kleinen Gemüsegeschäft bei mir ums Eck sieht mich verdutzt an. Wieder so ein neumodischer Quatsch, denkt sie wahrscheinlich. Dabei hatte sie sich gerade erst daran gewöhnen müssen, dass neben Kopfsalat, Eisbergsalat und Endivie seit einiger Zeit auch Eichblatt, Lollo Rosso oder Frisee verlangt wird. Und jetzt das. Zum Glück weiß der Italiener ein paar Straßen weiter, was Rucola ist, und natürlich hat er ihn auch – 100 Gramm für 3,50 Mark. Stolz und glücklich trage ich das kostbare Grünzeug nach Hause.

Nicht ahnend, dass es bald darauf kein Entrinnen mehr geben wird: Du bist eingeladen bei Freunden, und was gibt es? »Ach, ich dachte, ich mach' mal einen Rucola-Salat mit Kirschtomaten und Parmesanspänen«. Du gehst in deine Pizzeria um die Ecke, und was erwartet dich statt der gewohnten Insalata-Mista-Pampe? »Habe wir neue Szalate jetze. Isse Rucola, mite Parmigiano – schmeckte supper!« Und beim nächsten Besuch setzt er noch eins drauf: Jetzt gibt es sogar Pizza mit Rucola. Du gehst an einem Straßencafé vorbei, und was essen sie da alle? Bingo.

Dabei ist Rucola nichts anderes als die gute, alte Rauke, wie sie schon unsere Großmütter in ihrem Bauerngarten zogen. Aber »Rauke« – das klingt wie »Frauke«, oder »Hauke«, hat so was Sprödes, Nordisches. Mit einem wohlklingenden italienischen Namen lässt sich halt alles gleich viel besser vermarkten: »Aaaaah, Rrrucola!«

Natürlich hat meine Gemüsefrau von Nebenan das gezackte Grünzeug mit den langen Stängeln jetzt auch – man tut ja, was man kann, für seine Kunden. »Tjoh, wenn die jungen Leute das schmeckt, denn is das ja gut, nech? Mir is ja son rrrichtig schöner Kopfsalat lieber. Da tu ich orndlich Zucker rein und 'n Becher saure Sahne, büschen Zitrone ... da könnt ich mich reinsetzen!« Hm. Auch keine schlechte Idee.

Spaghetti mit Rucola

4 Portionen. Zubereitungszeit: circa 30 Minuten

Zutaten:

500 g Spaghetti
200 g Rucola
200 g Kirschtomaten
2 große Knoblauchzehen
100 g Parmesan am Stück
7 EL Olivenöl
1 TL Zucker
Salz, schwarzer Pfeffer aus der Mühle

Zubereitung:

Rucola waschen, Kirschtomaten halbieren. Knoblauch schälen und in feine Scheibchen schneiden. Olivenöl in einer großen Pfanne erhitzen, Knoblauch darin anschwitzen, nicht braun braten. Kirschtomaten und Zucker hinzufügen. Zum Schluss den Rucola dazugeben und ganz kurz unter Rühren mitbraten. Über die inzwischen bissfest gekochten, abgetropften Spaghetti gießen, kräftig mit Salz und schwarzem Pfeffer würzen und alles gut vermischen. Mit frisch gehobeltem Parmesan servieren.

SCHLAGER-REVIVAL

Germany: Zero Points

An den »tollen Tagen« gefällt mir am besten, dass am Aschermittwoch alles wieder vorbei ist. Wer nicht mitschunkeln will, zieht sich einfach die Decke über den Kopf und wartet, bis die Narren wieder nüchtern sind. Beim Schlager-Revival war das schwieriger. Wie die berühmten »Kreuzberger Nächte« der Gebrüder Blattschuss fing alles ganz langsam an, aber dann, aber dann.

Es ging nicht wirklich um Dieter Thomas Kuhn, Guildo Horn und Jürgen Drews. Das Schlager-Revival war die Lizenz zum Durchdrehen. Was früher hauptsächlich der Schwulenszene vorbehalten war – lustige Perücken, verrückte Fummel, ein Käfig voller Narren und vor allem der Grand Prix d'Eurovision – war nun Allgemeingut. Zumindest für Leute, die auch im Spanienurlaub gerne mal beweisen, dass sie nicht singen können. Doch nicht nur am Ballermann, auch in deutschen Kneipen tanzten plötzlich die Menschen grölend auf den Tischen, schrien mit hochrotem Kopf: »Hossa! Hossa!« Und amüsierten sich wie Bolle, wenn einer die Schlaghosen fallen ließ und blank zog. Polonaisen kamen wieder in Mode und ausgerechnet die steifen Hamburger organisieren einmal im Jahr sogar den so genannten »Schlager-Move«: eine Art Love Parade für die Freunde von Michael Holm und Roberto Blanco.

Tragisch wurde es, als Rex Gildo 1999 Selbstmord beging. Noch als über 60-Jähriger zog der dauergebräunte Schlagersänger durch die Bierzelte und Betriebsfeiern, um dort »Fiesta Mexicana« zu singen. Ein Ritter von der traurigen Gestalt, der dem Ruhm von früher nachhing, der verlacht wurde, weil er gelegentlich betrunken auf die Bühne stolperte und seinen Text vergaß. Auch Roy Black war unglücklich mit seinem Leben: »Ich war eine Marionette. Wer ich wirklich war, dafür hat sich niemand interessiert«, sagte er kurz vor seinem Tod 1991. Es scheint, als gäbe es auch in der bis zum Stumpfsinn bumsfidelen und puppenlustigen Welt des Schlagers einen Aschermittwoch. Vielleicht will das bloß niemand wahrhaben.

10 Menschen der Neunziger, die wir möglichst schnell vergessen möchten

Tonya Harding

Die Eiskunstläuferin heuerte einen Schläger an, der ihrer größten Konkurrentin während der Vorbereitung auf die Olympiade mit einer Eisenstange das Knie zertrümmerte.

Dr. Jürgen Schneider

Baulöwe, Hochstapler, Lebemann – und dennoch war die gigantische Pleitewelle, die er auslöste, für manche Leute nur »Peanuts«.

Bill Gates

Der Gründer von Microsoft wird noch heute wegen seiner Monopol-Stellung und Firmenpolitik gehasst wie kaum ein anderer Unternehmer.

Oliviero Toscani

Der Schock-Fotograf von Benetton servierte blutige Kleider und sterbende Menschen als Werbemotive.

Anna Nicole Smith

Die »Queen of White Trash« – vom 90 Kilo schweren H&M-Model zur Witwe eines greisen texanischen Ölbarons. Und ewig streiten die Erben …

Verona Feldbusch

Für die einen ein Star, für die anderen die »dümmste Praline der Welt«. Eine Zeit lang war es ganz lustig zu beobachten, wie weit man als Frau mit wenig Talent und viel gutem Aussehen kommen kann. Doch jetzt keinen Peep und auch keinen Blubb mehr. Bitte!

Wigald Boning

Im Unterschied zu seinem Kollegen Olli Dittrich passte der gemeinsame Name »Die Doofen« bei Mister Kunterbunt wie die Faust aufs Auge.

Die Kelly Family

Eigentlich schön, wenn eine Familie zusammen singt – die unglaublich blonde Kelly Family machte eine Ausnahme.

Pamela Anderson

Vor allem Fernsehzeitschriften brachten die drallen Möpse des Bay Watch-Girls gerne auf der Titelseite. Ihr männliches Gegenstück David Hasselhoff war allerdings auch nicht besser.

Margarete Schreinemakers

Niemand sprach schneller, niemand war fleißiger und niemand hatte so viel Selbstmitleid öffentlich im TV zur Schau gestellt. Ach, Margarete, deine Steuerprobleme interessierten uns noch weniger als deine Sendungen. Der Comeback-Versuch mit Big Diet ist zum Glück gefloppt. Danke.

SINGLES

Herrchen gesucht

Ist eine glückliche Beziehung wirklich das Maß aller Dinge? Verpasst man nicht das Beste, wenn man sich allzu sehr in Sicherheit und Geborgenheit wiegt? Singles gelten schließlich als aktiv und flexibel: In lustigen Cliquen ziehen sie gemeinsam durch ihr pralles, abwechslungsreiches Leben. Dauernd treffen sie neue, interessante Männer, mit denen sie vermutlich wahnsinnig guten Sex haben, während ich in einer langjährigen Beziehung langsam alt und runzelig werde.

In den letzten zehn Jahren wurden Singles zum Mittelpunkt eines lässigen großstädtischen Lebens: Es gab Single-Partys, Single-Chats, Single-Reisen, Flirt-Kurse und mehr Vermittlungsangebote als beim Arbeitsamt. In den Supermärkten füllten sich die Regale und Tiefkühltruhen mit angemessen kleinen Solo-Portionen. Die Werbung zeigte uns, wie viel Spaß es macht, sich auf eine Packung Lätta zu verabreden. Und wenn einem dazu – ausnahmsweise – mal der passende Mann fehlte, genügte ein Blick in eine Frauenzeitschrift: Bis zu 500 Singles wurden da bisweilen vorgestellt, teilweise mit dem Zusatz »zum Bestellen«. Welch luxuriöser Überfluss. Waren womöglich in Wirklichkeit die Pärchen einsam und isoliert von der glücklich swingenden Singles-Szene?

Nein, die meisten der dreizehn Millionen deutschen Singles, von denen das statistische Bundesamt heute weiß, wünschen sich nichts sehnsüchtiger als einen Partner. Meine Freundin Nathalie – früher viele Jahre lang solo – erzählte mir neulich, dass sie sich freut wie ein kleiner Hund, wenn sich abends der Schlüssel im Türschloss dreht und ihr Freund von der Arbeit nach Hause kommt.

Was viele Singles so aktiv und ausgehfreudig macht, ist nicht nur die pure Lebenslust, sondern ein gnadenloses »Getriebensein«: Heute Nacht muss es passieren! Wenn nicht? Na dann vielleicht morgen, nächste Woche oder irgendwann. Viele meiner Freundinnen träumen von Männern, die so perfekt sind, so cool, klug, gut aussehend und, ja, warum eigentlich nicht auch vermögend, dass selbst Brad Pitt geringe Chancen hätte. Dabei braucht man doch auch einen Freund, jemand, der einen versteht, der im Alltag nicht versagt. Nicht nur unser Berufsleben, auch die Freizeit und Sexualität werden dominiert von Leistungsdruck und dem Zwang, sich permanent möglichst positiv und erfolgreich darzustellen.

Vielleicht ist es kein Zufall, dass gegen Ende des reichlich verlogenen »Single-Jahrzehnts« auch in Deutschland ein Roman erschien, der zu den deprimierendsten, aber auch zu den aufrichtigsten Büchern zählt, die ich kenne: Der französische Autor Michel Houellebecq beschreibt in *Ausweitung der Kampfzone* Sexualität und das Verhältnis der Geschlechter als erbarmungsloses Differenzierungssystem, vergleichbar mit einem entfesselten Turbo-Kapitalismus: »In einem völlig liberalen Wirtschaftssystem häufen einige wenige beträchtliche Reichtümer an; andere verkommen in der Arbeitslosigkeit und im Elend. In einem völlig liberalen Sexualsystem haben einige ein abwechslungsreiches und erregendes Sexleben; andere sind auf Masturbation und Einsamkeit beschränkt.« Wenn alle nur die tollsten Männer und schönsten Frauen wollen – was wird dann mit den vielen anderen? Kaufen die ewig Single-Packungen? Was ist, wenn sich die lustige Mädchenclique auflöst, weil alle inzwischen in einer Beziehung leben – bis auf einen selbst?

»Someday my prince will come«, heißt es in Walt Disney's *Schneewittchen.* Aber vielleicht ist es ja auch ein netter Sachbearbeiter. Denn eins steht jedenfalls fest: Nette und ungebundene Kollegen über dreißig, gemütliche Unisex-Toiletten zum Ausquatschen und eine Art Privat-Club nach Feierabend – das gibt es nur in einer legendären Anwaltskanzlei in Boston. Aber selbst *Ally McBeal* singt ihrem imaginären Lebensgefährten ein sehnsüchtiges »Good Night my Someone«.

SNOWBOARDS

Bretter, die die Welt bedeuten

Die noch relativ kurze Geschichte des Snowboards begann im Winter 1965 in den Bergen von Michigan: Der junge Familienvater Sherman Poppen schraubte zwei alte Skier zusammen und befestigte daran Fußschlaufen aus Leder und eine Fangleine. Seine Frau hatte für das neue Sportgerät gleich einen passenden Namen: »Snurfer« – die Verbindung aus »Snow« und »Surfer«. Die Kinder der Poppens hatten mit dem Snurfer so viel Spaß, dass bald auch alle Nachbarskinder so ein tolles Spielzeug wollten.

Drei Jahrzehnte und einige Hightech-Modifikationen später landete der Snurfer unter dem neuen Namen »Snowboard« endlich auch bei uns. Was für ein Siegeszug: Wer Mitte der Neunziger jung und cool war, der wollte »boarden« – auch wenn ein gutes Brett nicht unter 1000 Mark zu haben war. Ski fahren galt schlagartig als Rentnersport. In jedem kleinen Alpennest gab es plötzlich »Snow-Raves«, es wurden Halfpipes und Funparks gebaut und natürlich warf jeder Sportswear-Hersteller eine eigene »Snowbard-Collection« auf den Markt. Futuristische Sonnenbrillen waren ein Muss und verliehen vielen Jungs das Aussehen von notgelandeten Aliens.

Einige Alpendörfler und Hotelbesitzer maulten noch ein wenig über die Invasion der Raver, Kiffer und sonstigen Tunichtgute, die über ihre majestätische Bergwelt hereinbrach. Wo man sich früher noch halbwegs gesittet zum Après-Ski oder Jagertee verabredet hatte, dröhnten nun Prodigy oder die Beastie Boys. Doch es gab auch immer mehr internationale Wettkämpfe und Sportveranstaltungen wie den Air & Style Contest in Innsbruck. Vereine wie die International Snowboard Federation koordinierten Wettkämpfe und Nachwuchsförderung. Heute ist Snowboarding ein allgemein anerkannter Sport. Nur nicht für mich – ich fahre immer noch ausschließlich Schlitten.

SPICE GIRLS

Was macht eigentlich ...

Sie haben Prince Charles in den Po gekniffen, vor laufenden Kameras auf ein Furzkissen gedrückt und ihre Höschen aus einem fahrenden Taxi geworfen. Die Spice Girls waren frech, sehr frech sogar. Ging es überhaupt um etwas anderes als um die Tatsache, dass hier ein paar flotte Mädels so richtig auf die Kacke hauten? Gut, es gab »Wannabe« einen wirklich netten Popsong, der im Sommer 96 die Charts in ungefähr 35 Ländern anführte. Doch noch wichtiger war, dass es für jede und jeden ein passendes Spice Girl gab: die elegante und hochnäsige Posh Spice; das kleine Dummerle Emma Bunton, die sich Baby Spice nannte und hartnäckig mit dem Alter schummelte. Mel B trug eine Brille, deshalb galt sie als intellektuell, Mel C trug immer Turnschuhe, deshalb nannte man sie Sporty Spice. Geri Halliwell war das Luder, weil es von ihr frühe Nacktfotos gab, welche die britische Boulevardpresse gerne und oft herzeigte.

Die gut gecasteten Mädels boten nicht nur die unterschiedlichsten Identitäten für Teens und Twens – auch die Medien hatten immer etwas Neues zu berichten. Zum Beispiel, dass die Uhr von Baby Spice auch im Ausland stets auf englische Zeit eingestellt war: »Das bewahrt mich davor, verrückt zu werden.« Erstaunlich, dass wir damals tatsächlich glaubten, dieser Schwachsinn habe etwas mit »Post-Feminismus« oder »Girl Power« zu tun. Aber damals gab es eben noch keine Casting-Shows wie *Deutschland sucht den Superstar* und wir dachten, die Fab Five seien tatsächlich so durchgeknallt und nicht Teil einer perfekten Inszenierung: Es folgten Puppen, Deosprays, Feuerzeuge, Schokoriegel und natürlich *Spice World* – der Film.

Nach dem zweiten Album begann es zu kriseln, Geri stieg aus und bald darauf trennten sich auch die anderen vier, begannen glücklose Solokarrieren, versuchten es noch einmal zusammen, heirateten Fußballspieler, und wenn sie nicht gestorben sind, dann tingeln sie noch heute. Kaum mehr als zwei Jahre hat der echte Superstar-Rummel gedauert. Vor ein paar Monaten wurde Victoria Beckham, ehemals Posh Spice, sogar von ihrer Plattenfirma vor die Tür gesetzt. Sie hatte die Verkaufserwartungen nicht mehr erfüllt. Manchmal dauert es gar nicht so lange, vom Wannabe zum Hasbeen.

Nur für sonnige Gemüter – die Sommerhits der Neunziger

10 Songs, die zwischen Juni und September die deutschen Charts anführten

Lou Bega: Mambo No. 5 (1999)

»A little bit of samba ...« Ein alter Hit von Perez Prado wurde nochmal jung.

Ricky Martin: La Copa De La Vida (1998)

Der offizielle Song zur WM 98 klang genau wie Ricky Martins Hit (Un dos tres) Maria.

Puff Daddy: I'll Be Missing You (1997)

Ein kitschiges Abschiedslied für den kurz zuvor ermordeten Rapper Notorious B.I.G.

Los Del Rio: Macarena (1996)

Zu dem Lied der beiden alten Spanier gab es auch einen ziemlich albernen Tanz.

Rednex: Wish You Were Here (1995)

Eine quälende Mischung aus Country, Dance-Pop und ganz schlimmer Schnulze.

Crash Test Dummies: MMM MMM MMM MMM (1994)

Und ewig brummen die Sänger. Ganz nett, aber letztlich doch großer Käse.

Culture Beat: Mr. Vain (1993)

In England gab es für diese Variante von Dance-Music den schönen Namen »Euro-Trash«.

Inner Circle: Sweat (A La La La La Long) (1992)

Schunkel-Reggae, der Refrain ließ sich noch im schlimmsten Vollrausch an der Strandbar nachsingen.

Kate Yanai: Bacardi Feeling (1991)

Aus der Bacardi-Werbung in die Charts – war der heiße Sommer schuld, oder der Alkohol?

DNA & Suzanne Vega: Tom's Diner (1990)

So begann das Zeitalter der Remixe: Das unauffällige A-cappella-Stück von Suzanne Vega wurde durch einen nachträglich unterlegten Beat clubtauglich und damit ein Hit.

SUPERMODELS

Larger than Life

Models gibt es seit Beginn der Neunziger wie Sand am Meer. Ich weiß das, denn allein in meinem Fitness-Club trainierten damals ungefähr zwanzig. Jede Dorfdisco richtete Schönheitswettbewerbe aus, die stolze »Miss Kelsterbachs« und dergleichen hervorbrachten. Und mit ein bisschen Dusel und schlanken Beinen hatte ein hübsches Durchschnittsmädchen bei zahlreichen größeren Model-Castings, wie dem »Gesicht 92«, seine Chance.

Models waren eine Landplage, ungefähr so, als gäbe es im Frühling eine Schmetterlingsschwemme. Es musste etwas geschehen. Und so kamen mit Hilfe der Presse die Supermodels an die Macht und rückten die Welt wieder gerade. Sie waren tausendmal schöner und cooler – und sie verdienten auch tausendmal so viel Geld. Manche von ihnen waren so verwöhnt, dass sie unter 10.000 Dollar am Tag gar nicht erst aufstanden. Andere so verzickt, dass sie Tobsuchtsanfälle bekamen, wenn ihnen nicht augenblicklich eine in exakt zwei Zentimeter große Stücke geschnittene Banane auf einem Limoges-Teller serviert wurde. Für die Tierschutz-Organisation P.E.T.A. gingen einige lieber nackt, als Pelz zu tragen – und präsentierten ein paar Jahre darauf die Echtpelzkollektionen der Designer, ganz so, als wäre nichts gewesen. »Tout le monde« war verrückt nach ihnen. Eine Zeit lang schien es, als gäbe es überhaupt keine anderen Models mehr auf der Erde, oder auf den Titelseiten der Modezeitschriften, als Naomi Campbell, Elle Macpherson, Claudia Schiffer, Cindy Crawford, Christy Turlington, Linda Evangelista oder Kate Moss.

Doch nach einigen Jahren hatte die Welt genug von den Supermodels: Die Modedesigner schimpften über ihre Zickigkeit, ihre Unzuverlässigkeit und die horrenden Gagenforderungen, die Zeitungen fingen an, die Ikonen zu demontieren. Nach und nach tauchten neue Gesichter auf, ihre Schönheit weniger landläufig, ihre Posen frisch und unverbraucht – die Ära der Supermodels war zu Ende. Die neuen Catwalk-Diven heißen Karolina Kurkova und Carmen Kass. Aber wer kennt die schon.

Das ganze Supermodel-Gedöns war zwar übertrieben, aber irgendwie auch faszinierend. Natürlich kann man sich fragen, wie jemand, der einfach nur Klamotten präsentiert, dazu kommt, sich wie ein Star aufzuführen. Andererseits haben wir doch alle gerne die Klatschgeschichten gelesen, wussten stets Bescheid über Nervenzusammenbrüche oder neue Lover, über Drogenexzesse und Gewichtsprobleme. Nur die pumperlgesunde Heidi Klum war immer brav. Dass so ein blitzsauberes Durchschnittsmädel es überhaupt an die Spitze geschafft hat, wundert mich heute noch. Immerhin hat sie vor ein paar Monaten ihren Ehemann verlassen – für Anthony Kiedis, den wilden Sänger der Red Hot Chili Peppers. Ich mochte Kate Moss immer am liebsten, die war einfach süß und cool. Ganz anders als die spießige Schiffer mit ihrem Plastik-Barbie-Charme und ihrem schmierigen Zauberer. Wenigstens hat sie den noch rechtzeitig in die Wüste geschickt. Schiffer und Moss sind inzwischen Mütter, genau wie Cindy Crawford und Elle Macpherson. Und weil es für Models kein wirkliches Comeback geben kann, werden wir abwarten müssen, bis eine neue Supermodel-Ära anbricht, mit neuen Gesichtern und Körpern.

TAMAGOTCHI

Es piepte nur einen Sommer

Das Tamagotchi war eine Art elektronischer Hamster. Ein virtueller Spielgefährte, der verzogenen kleinen Bälgern ein paar Werte wie Verantwortung und Zärtlichkeit beibringen sollte. Wie viele neue Spielzeuge kam auch das Tamagotchi aus Japan, sein wohlklingender Name bedeutet »geliebtes Ei«, und so sah es auch aus: ein Überraschungsei mit digitalem Innenleben, dass sich Kinder zwischen 7 und 70 sogar um den Hals hängen konnten. Während außen alles fehlte, was ein Spielzeug normalerweise süß und knuddelig macht – es gab weder niedliche Plüschohren, noch ein kuscheliges Fell –, war das Innenleben so kompliziert wie ein pädagogisches Online-Wochenendseminar: Es ging im Prinzip um die Aufzucht eines digitalen Kükens, Hamsters oder was immer sich Siebenjährige unter den rudimentären Strichtierchen auf dem winzigen Display vorstellen wollten.

Diese abstrakten Cyberwesen wollten manchmal mitten in der Nacht gefüttert werden. Dann piepsten sie so lange wie ein Miniwecker vor sich hin, bis ihre kleinen »Eltern« ihnen etwas virtuelles zu futtern gaben. Die Versorgung der Küken funktionierte mit Hilfe von drei Knöpfen. Dabei sollten Kindern gleich noch ein paar Computer-Grundkenntnisse beigebracht werden. So hatte sich das die Erfinderin des Spielzeugs, die Japanerin Aki Maita, jedenfalls vorgestellt. Mit den simplen Bedienerelementen konnte nach Herzenslust gefüttert, gepflegt und bestraft werden. Mit Snacks und Spielen machte man das Tierchen glücklich. Vier Herzen auf dem Display zeugten von Wohlbefinden. Doch wenn das Küken zu wenig Liebe hatte, blieben die Herzen leer. Jeder Knopfdruck beeinträchtigte Gewicht, Wohlbefinden, Hunger und Disziplin. Da erwachte in vielen Kindern ein Mutterherz: Meine kleine Nichte brachte es eine Zeit lang fertig, das Elektroei täglich unter dem Wasserhahn zu waschen, bevor beide gemeinsam im Bett verschwanden.

Ähnlich wie bei Hunden, von denen man weiß, dass sie siebenmal so schnell altern wie Menschen, verging auch das Leben der Tamagotchis wie im Zeitraffer. Siebenjährige Kinder bemutterten schon bald 25-jährige Tamagotchis. Die meisten der digitalen Kameraden verhungerten allerdings schon im Teenageralter oder starben an zu wenig Liebe. Es war wirklich traurig, aber Kinder können ja bekanntlich so grausam sein. Und vor allem schnell gelangweilt von ihrem Spielzeug. Doch egal, wie großzügig Zuwendung und Futter flossen – die Lebenserwartung der Digiküken war immer begrenzt.

Es muss im Herbst 1997 gewesen sein, als japanische Studenten im Internet die ersten Tamagotchi-Friedhöfe gründeten. Immerhin konnte man sein Hühnchen so wenigstens virtuell beerdigen. Ein gepixelter Shinto-Priester schlug dazu die zeremonielle Trommel. Im Spielzeug-Tod zeigten sich auch die globalen kulturellen Unterschiede: Während sich glückliche japanische Tamagotchis im Tod in einen Samurai verwandelten, flatterte die westliche Variante als Engel gen Himmel. Im Unterschied zu einem echten Küken oder Goldhamster erlebte das Tamagotchi durch einen Reset-Knopf eine schnelle und glückliche Reinkarnation. Was eigentlich unnötig war, denn nach einem heißen Sommer, in dem Millionen von Eiern verkauft wurden, war das Interesse in den Kinder- und Jugendzimmern schnell verschwunden. Und dann gab es ja auch schon den neuen »Love-Beeper« aus Japan ...

Beraten und verkauft: Die meistgelesenen Ratgeber für Frauen

Deborah Tannen: Du kannst mich einfach nicht verstehen

Der Dolmetscher zum besseren Verständnis zwischen Mars- und Venusbewohnern und der Beginn einer ganzen Reihe von Büchern, die den kleinen Unterschied in große Verkaufszahlen übersetzten.

Dorothea Dieckmann: Unter Müttern

Realitätsschock für alle, die glaubten, Kinder seien der Schlüssel zum Mutti-Paradies und ewigem Urlaub vom rauen Arbeitsklima.

Ute Ehrhardt: Gute Mädchen kommen in den Himmel, böse überall hin

Dieses Buch hat uns tatsächlich gezeigt, wie weit man mit dem Bösesein kommen kann: in sämtliche Bestsellerlisten und das gleich jahrelang.

Harriet Rubin: Machiavelli für Frauen

Anleitungen zum weiblichen Muskelspiel in Privat- und Erwerbsleben – zwar ohne Folgen für die Leserinnen, aber mit viel Erfolg für die Autorin.

Corinne Hofmann: Die weiße Massai

Seitdem glauben nicht wenige Frauen, dass der Traumprinz nicht bei »Fisch sucht Fahrrad«, sondern im afrikanischen Kral zu finden ist.

John Gray: Männer sind anders, Frauen auch

Dank Gray haben wir uns vielleicht besser kennen gelernt – aber ob wir uns deshalb auch besser verstehen?

Clemens von Luck: Innere Kündigung in Beziehungen

Über emotionale Nullrunden, gefühlsmäßige Früh-Ruheständler und den passiven Widerstand in Beziehungen.

Marilyn French: Der Krieg gegen die Frauen

In den Neunziger gab es offenbar tatsächlich noch so etwas wie eine Geschlechterdebatte und eine Frauenfrage. Heute gelten Verona Feldbusch und Frauenparkplätze als Gipfel der Emanzipation.

Erica Jong: Keine Angst vor Fünfzig

Als Mutmachbuch und Päppeloffensive vor den betrüblichen Randerscheinungen des Alterns gedacht. Aber leider ist nur ein Placebo daraus geworden. Da hält sich die Frau von heute doch lieber an die Devise: Keine Angst vor Botox!

Axel Hacke: Der kleine Erziehungsberater

Von einem, der sich aufmachte, das letzte große Abenteuer zu bestehen – an Wickeltisch und Fläschchenwärmer. So schön und so lustig, dass man nicht unbedingt Kinder haben muss, um an diesem »Erziehungsberater« Spaß zu haben.

Was echte Kerle lesen: Die meistverkauften Bücher für Männer

Marcell Reif: England '96 – Das Fußball-EM-Buch

Wer sagt denn, dass Männer nicht lesen? Hier der Gegenbeweis und endlich eine Geschenkalternative zur Geburtstagskrawatte. Ein Buch! Für IHN!

Lothar Matthäus: Mein Tagebuch

»Manchmal spreche ich zu viel«, befand »de Loddar«. Und dann machte der Meister des Deutschen (»wir sind eine gut intrigierte Truppe«) das Maß mit einem eigenen Buch voll.

Wilfried Wieck: Männer lassen lieben

Und nicht nur das. Sie lassen auch putzen, waschen, kochen – und lesen. Denn natürlich waren es wieder mal die Frauen, die dem Bekenntnis-Buch des angeblich gar nicht so starken Geschlechts seinen respektablen Absatz bescherten.

Robert Bly: Eisenhans

Er schickte die Männer zur Selbstfindung hinaus in den Wald. Devise: Bäume umarmen, statt Ellenbogen anspitzen.

Mathias Matussek: Die vaterlose Gesellschaft

Er steigerte den Männer-Mitleidsbonus um hundert Prozent. Der intellektuell ziemlich übersichtliche Tenor des Autors: Alles Schlampen außer Papi!

Günter Ogger: Nieten in Nadelstreifen

Da freute sich Otto Normalverdiener, dass die da oben auch bloß Pfeifen sind.

Dieter Schnack, Rainer Neutzling: Die Prinzenrolle. Warum masturbieren Jungen so oft?

Das wollten wir auch gerne wissen. Und vor allem: Wann hört das endlich auf?

Bernie Zilbergeld: Männer. Was Sie schon immer über Männer, Sex und Lust wissen wollten

So ziemlich alle Rätsel wurden hier gelöst. Die Frage ist nur, ob wir das wirklich immer ganz genau wissen wollten.

Joachim Burger: Mann, bist du gut!

Diese gnadenlose männliche Selbstbeweihräucherung nahm die deutsche Presse sofort für bare Münze – hinterher stellte sich heraus: Alles bloß ein PR-Gag des Autors.

Michael Pfreunder: Schon wieder zu früh ...

Hier geht's um die Ejaculatio Praecox. Mit dem »3-Stufen-Programm gegen vorzeitigen Samenerguss« kann er ruhig mal etwas später kommen. Nicht zum Essen natürlich ... kein Wunder, wenn das Buch allenfalls ein heimlicher Bestseller war.

TECHNO

Wir sind die Roboter

Techno war ein einziges großes Missverständnis: »Kunst«, riefen die einen; »Party!«, kreischten die anderen. Der große Rest hörte ohnehin nur monotones Stampfen und war der festen Meinung, dies sei ja nun wirklich absolut keine Musik mehr, sondern der reine Stumpfsinn.

Nun ja, nach Meinung der Experten liegen die Wurzeln von Techno in der romantisch verklärten Anbetung von Technologie durch die deutsche Band Kraftwerk. Auch der Niedergang der amerikanischen Automobilindustrie und die dadurch entstandene wirtschaftliche Depression in der »Motorcity« Detroit spielten eine wichtige Rolle. Daraus entwickelte sich eine Art elektronischer Blues des ausgehenden 20. Jahrhunderts: melancholisch, minimalistisch, zukunftsorientiert und dennoch tief verwurzelt im Funk und den Trommeln Afrikas. Der gute Techno, egal ob aus Detroit, Berlin oder Köln, klang meistens aufregend modern und intelligent.

Aber es gab auch noch den anderen, den bösen, den dummen Techno. Der wurde in der Regel von geschäftstüchtigen Dance-Produzenten gemacht und war plötzlich überall. Aus Autoradios und Großraum-Discos dröhnte »Hyper, Hyper« von Scooter. Ein Ostfriese, der sich H.P. Baxter nannte, zählte darin zum Holzhammer-Rhythmus seiner Kumpels alle damals beliebten DJs auf. Als Refrain schrie er immer wieder »Hyper, hyper«. Das klang unglaublich peinlich und bescheuert. Viele der in dem Stück erwähnten DJs haben sich deshalb öffentlich davon distanziert. Marushas »Over The Rainbow« war eine weitere Prüfung. Die Originalfassung singt Judy Garland in *The Wizard of Oz*, einem meiner absoluten Lieblingsfilme. Marusha hat daraus eine Mischung aus Karaoke-Schlager und Aerobic-Musik gemacht.

Den meisten Ravern und Clubbern ging es nicht unbedingt um die Musik. Sie wollten feiern. Und feiern bedeutete in der Techno-Sprache so viel wie: »Ich knall' mir jetzt zwei Ecstasy rein und dann geht die Post ab.« Wie Duracell-Hasen sprangen sie dann herum. Winkten mit Leuchtstäben, schüttelten ihre scheinbar unzerstörbaren Körper bis in den nächsten Vormittag hinein. Völlig benommen torkelten die Bleichgesichter dann in die Sonne. Die Kiefer mahlten unablässig, weil sich die Drogen nicht so schnell abstellen ließen. »Verstrahlt« nannten Szenekenner diesen Zustand und die größten Feier-Vögel hießen »Druffis«.

Ich habe allerdings ziemlich lange gebraucht, bis mir klar wurde, dass die meisten dieser Club-Raketen auf Drogen waren. Lange Zeit dachte ich tatsächlich, die wären wirklich so fit und aufgedreht. Manchmal bin ich mit einem ganz schlechten Gewissen um zwei Uhr nach Hause geschlichen – weil ich müde war. Ab und zu sehe ich heute noch Mädchen in diesen typischen Raverklamotten: enges Kunstfaseroberteil, weite Hosen und Plateau-Turnschuhe. Dann denke ich, dass es doch ganz gut war, dass ich damals nicht so viel gefeiert habe.

TEX-MEX-KÜCHE

Caramba, Caracho, ein Teqi

In Frankfurt gab es ganz zu Anfang der Neunziger ein sagenumwobenes Tex-Mex-Restaurant. Viele hatten davon gehört, aber nur wenige waren jemals drin. Denn es befand sich auf dem Gelände der US-Military-Base und war eigentlich nur für Army-Angehörige zugänglich. Irgendwie schafften wir uns durch Beziehungen dann doch einmal hinein – und staunten nicht schlecht: Das Lokal war riesengroß, ziemlich rustikal und äußerst funzelig beleuchtet. Eine kleine

Armee von Kellnern wuchtete gigantische Tabletts durch den Raum. Mit Margarita-Cocktails in Fußballpokalgröße, pfundschweren Steaks, Eimern voller knuspriger Nachos und Tortilla-Portionen, von denen eine dreiköpfige Familie zwei Tage lang satt werden könnte. Und es schmeckte auch noch köstlich. Nach dem allerletzten Tequila rollten wir heim, voller guter Vorsätze wie: »Ich esse nie mehr was! Und falls doch, dann nur so was! Genau!«

Und das taten wir auch eine Weile. Wir hatten viel Auswahl, denn es eröffneten ja an jeder Ecke Restaurants mit Namen wie »El Tequito« oder »Viva Mexico«. Sie alle lockten mit Tex-Mex, dieser mexikanisch-amerikanischen Küchenallianz, die das Beste aus beiden Welten vereint. Und servierten zu neunzig Prozent eine unglaubliche Pampe: knatschige Nachos mit Plastikkäse überbacken, labberige, lauwarme Tortillas, gefüllt mit zähem Hühnerfleisch, ersoffen in Sour Cream. Da können selbst diverse Corona- oder Sol-Biere und viel Tequila nicht drüber hinwegtrösten. Obwohl man es immer wieder versucht.

Bis heute werde ich das Gefühl nicht los, dass dieser Fraß sowieso nur als Unterlage für möglichst viel Alkohol dient. Da ess ich lieber eine Büchse Ölsardinen. Ist billiger. Und nicht so fett.

Warnung: Gehe nie mit einem neuen Lover in ein Tex-Mex-Lokal, wenn es auch später noch ein romantischer Abend werden soll. Entweder seid ihr hackedicht oder ihr habt schlimme Blähungen von dem vielen Bohnenmus. Wahrscheinlich beides.

Guacamole

Zutaten:

3 reife, weiche Avocados
1 kleine Zwiebel
1 Tomate
1 kleine rote Chilischote
einige Zweige Koriandergrün
Saft einer halben Zitrone
Salz, Pfeffer

Zubereitung:

Avocados halbieren, Fruchtfleisch mit einem Löffel herausschaben, Zitronensaft hinzufügen und mit einer Gabel grob zerdrücken. Zwiebel und Chilischote fein hacken und untermischen. Tomate entkernen und in kleine Würfel schneiden, ebenfalls untermischen. Zum Schluss klein gehacktes Koriandergrün zugeben und mit Salz und Pfeffer abschmecken. Mit Tortilla-Chips servieren.

TRENDSCOUTS

Wenn die Peergroup hustet

Rrrrrriiinng! In der kleinen Stadtillustrierten-Redaktion, für die ich damals arbeitete, klingelte das Telefon. Günther aus Stuttgart war dran. Wie jeden Donnerstag, immer zwischen fünf und sechs, wollte er allerhand von mir wissen: »Hanoi, i woiß nett, wie des bei euch isch, aber mir henn in dr letschde Zeit beobacht, dass immer mehr Leut' aus de' Tekkno-Szen' in alte Army-Klamotte rumlaufet. Isch des bei euch au so?« Günther war so etwas wie der Trend-Beauftragte unseres Verlags, der Lokalredaktionen in zehn deutschen Großstädten unterhielt. Zehn Redaktionen, voll mit coolen jungen Redakteuren, die die Szene wie ihre Westentasche kennen. Das erzählte man jedenfalls den großen Jugend-affinen Marken, die Abonnenten eines Newsletters werden sollten, für den eben jener Günther verantwortlich war.

Günther war eigentlich ein netter Kerl. Donnerstags, wenn das Telefon klingelte, hatte ich meist schon einen Kaffee und eine Nascherei aus der Süßigkeiten-Box bereitstehen. Und wenn es dann aus dem Hörer tönte: »Hallo, hier isch de Günder«, machte ich es mir schnell noch etwas bequemer und legte die Füße auf den Schreibtisch. Was dann folgte, war zugleich peinlich, witzig, spannend und dumm. Mit dem heiligen Ernst von Anthropologen redeten wir über die banalsten Neuigkeiten und Entwicklungen innerhalb der Frankfurter Partyszene. Da Günther vorher meist schon mit Kollegen aus Hamburg, Berlin oder Düsseldorf gesprochen hatte, sortierte er meine Beobachtungen sofort in ein vermutlich nur ihn überzeugendes System. Wenn wir miteinander sprachen, hörte ich am Klappern im Hintergrund, welche meiner Beobachtungen Einzug in sein Dossier hielten.

Mal wollte er wissen, ob es bei Frankfurter Techno-DJs eine Entwicklung zu höheren Tempi gäbe, oder ob auch bei uns H&M-Plakate aus Leuchtkästen geklaut würden. Immer war zu spüren, wie gierig der brave Schwabe jeden neuen Mini-Trend einsog. Das Leben in Baden-Württemberg mag langweilig sein, aber sein Job öffnete ihm immerhin ein Tor oder besser ein Guckloch zur Welt. Und mich hat's ja auch interessiert.

Zukunftsforscher wie Faith Popcorn, Gerd Gerken und Matthias Horx hatten Mitte der Neunziger Konjunktur. Sie gebärdeten sich als Wissenschaftler, waren aber kaum besser als die Hellseher des Mittelalters. Das »Trendscouting«, wie Günther und ich es praktizierten, war eine klassische Methode der Trendforschung. »Besonders die jugendlichen Avantgarden sind die eigentlichen Pfadfinder auf der Suche nach neuen Stilen und Produkten«, behauptet Matthias Horx in seinem Lexikon Trendwörter.

Mir war das egal, Günther vermutlich auch. Wir wollten einfach wissen, was der neueste heiße Scheiß ist. Deshalb lernten wir internationale Zeitschriften wie *The Face, i-D* oder *Details* fast auswendig. Damit konnte man auf Partys einen prima Auftritt hinlegen. Doch nach ein paar Monaten des Trendscoutings ging für mich der Reiz verloren. Man kann eben nicht jede Woche einen oder besser mehrere neue Trends ausmachen. Günther fing an zu langweilen, immer obskurer wurden die Tendenzen, die er zu erspähen glaubte. Wenn ich mich recht erinnere, wollte er bei unserem letzten Telefonat allen Ernstes von mir wissen: »Sach emol, esset Szene-Leut' bei euch jetzt neuerdings au gern Spaghetti mit Marmelade oder Konfitüre?« Nein Günther, wirklich nicht, aber viel Spaß noch und: Guten Appetit.

Die 12 haltbarsten Werbesprüche der Neunziger

»Nichts ist unmöööööglich.« (Toyota)
»Nicht immer, aber immer öfter.« (Clausthaler)
»Dann klappt's auch mit dem Nachbarn.« (Calgon)
»Raider heißt jetzt Twix, sonst ändert sich nix!« (Twix)
»Ische 'abe gar keine Auto.« (Nescafé)
»Und weißt du was? Ich hab die Titelstory!« (American Express)
»So scharf, dass er hinter Gitter muss.« (Gilette)
»Im Auftrag ewiger Jugend und Glückseligkeit.« (Kinder-Überraschung)
»Die Freiheit nehm' ich mir.« (Visa)
»Die tun was.« (Ford)
»Äääh, bin ich jetzt schon drin oder was?« (AOL)
»Gut, dass wir verglichen haben!« (Media Markt)

TURNSCHUHE

Lässigkeit hat ihren Preis

Turnschuhe, das sagt ja schon der Name, trug man früher hauptsächlich zum Sport. »Aber nicht mit Turnschuhen!« – das war *der* klassische Türsteher-Spruch bis in die späten Achtziger. Das sollte sich schnell ändern: »Nur zwanzig Prozent aller verkauften Sportartikel werden tatsächlich beim Sport eingesetzt«, meldete *Die Zeit* am 20. Februar 1991. Gleichzeitig schlugen sich in den USA Teenager den Schädel ein – wegen einem Paar Nike oder Adidas. Die einstigen Sportschuhe waren über Nacht zu heiß begehrten Fetischen geworden: Jeff Koons verwandelte Nike-Kampagnenfotos in Kunst und Run DMC rappten sogar schon 1986 über »My Adidas«. Coole Sportler, wie der schwarze Basketball-Star Michael Jordan, fungierten als Namenspaten (Air Jordan) und es gab – vor allem in Japan – immer mehr Menschen, die Sneakers sammelten wie Antiquitäten.

Turnschuhe waren die Statussymbole der Habenichtse, wer sich keinen Sportwagen leisten konnte, wollte wenigstens ein brandneues Paar Nike Air Max sein Eigen nennen. Die silbernen, die 1996/97 auf den Markt kamen, sind noch heute sehr beliebt und vermutlich *die* Sneakers der Neunziger. Andere Marken und Modelle dagegen übertrieben den Hightech-Aspekt mit lächerlichem Design und blinkenden Lämpchen.

Mädchen und Frauen trugen lieber die alten Modelle von Adidas, Nike, Puma, möglichst in originellen, seltenen Farbkombinationen, das war schon lässig. Ich selbst bin stolze Inhaberin eines Original-Paares Adidas Roma von 1977. Kaum zu glauben, dass Adidas den ganzen Rummel um ihre Old-School-Sneakers fast verpennt hätte. Die Firma aus Herzogenaurach verstand lange Zeit nicht, dass es nun vor allem um Mode und nicht mehr so sehr um Sport ging. Der Ausdruck »Old School Sneakers« bezieht sich übrigens auf die Tatsache, dass es die frühen Hip-Hopper waren – eben die alte Schule –, die als Erste die Magie des Sportschuhs erkannten. Über die Marotte, im gleichen Zug auch Trainingsanzüge wieder salonfähig zu machen, breiten wir lieber den Mantel des Schweigens.

WELLNESS

Tausend Liter grüner Tee

Im grellen Licht der H&M-Umkleidekabine nutzt das härteste Trainingsprogramm nichts, denn dort hat selbst eine fünfzehnjährige Elfe einen Hintern wie ein Bus. Es liegt an den (Zerr-)Spiegeln. Und eigentlich ist es eine andere Geschichte. Aber genau in solch einer Umkleidekabine überkam mich vor Jahren der große Fitness-Frust und zugleich die Erkenntnis, dass es für mein Seelenheil bekömmlicher wäre, die Hose eine Nummer größer zu kaufen und statt Aerobic-Überstunden einfach ein Dampfbad zu nehmen.

Gesagt, getan – der verspannte Zug um meinen Mund wich dem leicht debilen Grinsen, das totale Entspannung anzeigt, und die Konfektionsgrößen-Frage löste sich in warmen Nebelschwaden rückstandslos auf. Anscheinend war ich nicht die Einzige, die den sportlichen Leistungsdruck satt hatte, denn in meinem Fitnessstudio boten sie auf einmal auch sanfte Formen der Körperertüchtigung an, vor allem aus Asien: Yoga statt Biceps-Curl, Tai Chi statt Super-Sweat 3. Der Begriff »Wellness« – ein Mix aus Wellbeing und Fitness – machte die Runde und endlich ging es nicht mehr nur um den Körper, auch Geist und Seele wurden einbezogen. Aus sanften Übungen, gesunder Ernährung und Entspannungsritualen entstand ein ganzheitliches Konzept, das, vor allem bei Frauen, sofort Erfolg hatte. Es gab sogar eine neue Zeitschrift, die sich ausschließlich dem Thema Wellness in all seinen Facetten widmete. In allen Frauenmagazinen konnte man sich darüber informieren, wie man mit »Mudras« Verspannungen löst, mit der »Zen-Methode« schöner wird, mit der »Ayurveda-Diät« schlanker oder mit »Chi-Fitness« beweglicher. »Wohlfühlen« konnte man plötzlich kaufen.

Für Fortgeschrittene gab es hermetisch abgeschlossene Salzwasser-Tanks, die eine erhellende Reise ins Ich versprachen. Wenn man es lange genug in den sargähnlich engen, stockfinsteren Dingern aushielt. Und sogar in einigen hippen Nachtclubs war man vor Wellness-Gerätschaften nicht sicher: So genannte »Mind Machines« wollten mit pulsierenden Lichtblitzen Alpha-Wellen im Gehirn auslösen und zu einem angenehmen, erweiterten Bewusstseinszustand führen. Mich machte das schnelle, helle Gezucke einfach nur nervös.

Aber ich liebte es, mich mit duftenden Aromaölen zu umgeben. Auf meinem Schreibtisch stellte ich ein Wasserschälchen für ätherische Öle auf, in dem ich täglich große Mengen Zitrone und Minze, für mehr Konzentration, oder Lavendel, zum Relaxen, verdampfte. Rückblickend grenzt es an ein Wunder, dass man mich nicht samt meiner Ölfläschchen-Batterie aus dem Büro gejagt hat.

Andererseits war so ein bisschen Aroma-Zauber harmlos. Auch der grüne Tee – »macht schlank, wach, schöne Haut, fördert die Konzentration, beugt Krebs vor« –, den ich gleich literweise trank, zog allenfalls leichte Schlafstörungen und häufiges Wasserlassen nach sich. Dachte ich. Bis ich hörte, dass der meiste Grüntee unheimlich stark mit Pestiziden belastet ist; vor übermäßigem Genuss wird gewarnt. So ungesund kann Wellness sein, wenn man nicht aufpasst.

Die Wellness-Branche boomt. Und das in Zeiten allgemeiner Rezession. Wahrscheinlich, weil wir uns gerade jetzt verstärkt nach Entspannung und ein wenig Luxus sehnen. Exklusive Wellness-Center und Day-Spas werben mit Rundum-Verwöhnprogrammen für zahlungskräftige Großstadtkunden, aber auch auf dem flachen Land wird bald jede Scheune zum Wellness-Hotel umgebaut sein. Die Anwendungen werden immer vielfältiger – und zum Teil abstruser –, denn das Publikum verlangt stets nach Neuem. Auch ein vorher nicht gekannter Beruf macht Furore: Wellness-Trainer. Der Begriff ist leider (noch) nicht geschützt – jeder, der ein Bad einlassen und eine Duftkerze anzünden kann, darf sich so nennen.

Versteht mich nicht falsch – ich habe nichts gegen Wellness. Schon das Wort löst bei mir sofort Sehnsucht aus: nach einem kuscheligen Bademantel und einer Massage mit angewärmtem Sesamöl zum Beispiel. Ein Wochenende im Wellness-Hotel sollte man sich wirklich ab und zu gönnen. Aber wer sich den Rest des Jahres überwiegend von Fastfood ernährt und bis über beide Ohren im Stress steckt, der darf davon keine Wunder für seine Gesundheit erwarten, höchstens ein bisschen ... Wohlgefühl.

Es gibt heute Wellness-Mineralwasser, Parfums, die »Social Wellness« erzeugen sollen, Wellness-Socken mit Kräutern in der Sohle und Wellness aufs Brot. Das alles ist natürlich Wellness pur für die Bankkonten windiger Geschäftemacher. Da fällt mir ein: Hätte ich damals meine super Geschäftsidee in die Tat umgesetzt, wer weiß, vielleicht säße ich jetzt nicht hier vor meinem Laptop, sondern im tropischen Garten meiner pinkfarbenen Villa auf den Bahamas. Ja, ich gestehe: Ich wollte Wellness-Mousepads herstellen lassen, deren Oberfläche mit verschiedenen ätherischen Ölen präpariert ist. Durch das Hin- und Herbewegen der Mouse werden sie gelöst und verbreiten ihre entspannenden oder anregenden Düfte. Darauf hat die Welt gewartet. Vergebens.

WONDERBRA

Push it, Baby!

Seit Mitte der Neunziger können die Männer ihren Augen nicht mehr trauen: Wieso haben plötzlich selbst die schlanksten, knabenhaftesten Mädels so erstaunlich viel Holz vor der Hüttn? Ein Wunder? Nein, ein Wunder-BH! Als die Unterwäsche-Firma Gossard den Wonderbra in deutsche Kaufhäuser brachte, löste sie einen Ansturm der Schwachbrüstigen aus. Das Teil sah aus wie ein normaler BH, versteckte allerdings im Körbcheninneren geschickt zwei Schaumstoffpolster, die niedliche, kleine 75 A-Brüstchen wie stolze 75 C-Dinger wirken ließen.

Solchermaßen von unten gepuscht und seitlich zusammengequetscht, brachten sogar »zwei Erbsen auf ein Brett gezweckt« ein veritables Dekolleté zu Stande. Prima unter eng geschnittenen V-Ausschnitt-Pullovern und T-Shirts. Doch nicht nur die A-Klasse kaufte den Wonderbra – auch Besitzerinnen von Tennisbällen hatten erstaunlicherweise Freude daran, ihre Titten fast auf Fußballformat hochzujubeln. Dem geübten Blick der Mitschwestern entging die Schummelei natürlich nicht. Schließlich wusste man genau, was man selber unterm Pulli hatte und konnte sich die Relation ungefähr ausrechnen. Die Jungs bemerkten den Schmu eigentlich nie.

Nein, wirklich bequem war so ein Wonderbra nicht. Egal – Hauptsache, es sieht gut aus. Während Muttern in Frühsiebziger-Frauenpower-Erinnerungen schwelgte, von Büstenhaltern als »Herrschaftsinstrument der Chauvinisten« faselte und stolz von öffentlichen BH-Verbrennungen berichtete, legten wir freiwillig das Zaumzeug an – und hatten unseren Spaß. Denn was soll falsch daran sein, gut aussehen zu wollen? Zu zeigen, was man hat, und optisch noch ein bisschen mehr daraus zu machen? Eben. Der Push-up-Effekt hat sich durchgesetzt und weiterentwickelt: Heute sind die Schummelkissen, in den USA gern Chicken-Cutlets genannt, oft wasser- oder luftgefüllt, damit sie sich »natürlicher« anfühlen. Komisch ist es, die neuen Push-ups auf ihren Bügeln in der Wäscheabteilung anzufassen: Sie gluckern und wabbeln und wecken Assoziationen an Brustimplantate. Die Schaumstoff-gepolsterten ersten Modelle sind dagegen von rührender Ehrlichkeit.